日本近代図書館学叢書 2

図書館の対外活動

竹林熊彦――著

慧文社

「日本近代図書館学叢書」の刊行にあたって

インターネットの普及によって情報の発信・入手が容易になり、ネットワーク化が加速度的に進んでゆく現代。このような時代の中、図書館はどこへ向かえばいいのか。知の集積かつ共有の場としての図書館の専門性とは何か。

日本図書館協会が「日本文庫協会」として設立されてから一二五年、『図書館雑誌』の創刊から一〇〇年である二〇一七年を迎えるにあたって、日本の近代図書館の創成期や発展期を担った先人たちの名著を繙くことは、図書館の「いま」と「これから」を見据えるために必須の作業であることは疑いを容れない。

本叢書がこれからの図書館の発展に寄与することを願ってやまない。

「日本近代図書館学叢書」刊行委員会

改訂版刊行にあたって

一、本書は一九五六年に発行された竹林熊彦・著『図書館の対外活動』（蘭書房）を底本として、編集・改訂を加えたものである。

一、原本における明らかな誤植、不統一等は、これを改めた。

一、原本の趣を極力尊重しながらも、現代の読者の便を図って以下の原則に従って現代通行のものに改めた。

ⅰ　送り仮名や句読点は、読みやすさを考えて適宜取捨した。

ⅱ　外来語、国名、人名など一部の語句を、現代の一般的な表記に改めた。

ⅲ　索引は五十音順とした。

慧文社

はしがき

われわれは長いあいだ、図書館に行って書物を読むとき、図書借受票というスリップに、じぶんの読みたいと思う書物の名を書いて出し、書庫から書物を運んできてもらう習慣をもっていた。そして、それらの書物が目の前にあらわれてくるのを待っているあいだの焦燥《しょうそう》、とり出された書物に期待を裏切られたときの失望、望んだ書物を手にすることのできなかったばあいの憤《いきどお》り。これらのことがらは、およそ図書館に足をふみいれたことのある人びとの、いちどならず経験したところであろう。

スリップを書くということは、いまも昔もかわりがないにしても、開架制となったためにいくぶんか手数もはぶけ、かつての焦燥も失望も憤りも減ったことは事実である。しかし依然《いぜん》として冷たいテーブルに向かい、硬い椅子に腰をかけて、果たして読書の愉しさがじゅうぶんに味わい得られるであろうか。レファレンスはともかくとして、このように閲覧室中心主義は、なおわが国の図書館を支配する悪夢である。いつになったら、くつろいだ気持ちで、家庭で図書館の書物を読み、わが書斎におけると同じような気楽さで、図書館の雰囲気に親しむことができるのであろうか。たぶん、わが国の図書館当事者は、八千万人の同胞を一時に収容できる閲覧室を夢みているのではないかと、ときには皮肉のひと言もいいたくなることすらある。そのうえ試験季節ともなれば、図書館の前には、かつての配給風景を思い出させるように、延々と長蛇の列をつくって、寒風に吹かれながら出て来る人を待っていることなどは、話だけでもたまったものではない。

むろん館外貸出の制度がないのではない。それには居住証明書を提出したり、保証金を積んだりしなければならない。それもよい。しかし、そのためには二ども三ども電車を乗りかえたり、バスを利用しなければ、一冊の書物も図書館から借り出せないとしたら、勝手にしやがれといったような棄《す》て鉢《ばち》の気もちになって、図書館に背を向けることがあっても、あながち無理だとはいわれないであろう。もっと手軽に図書館が利用できて、週刊・月刊の雑誌が毎あさの新聞を読むと同じように読めたら、そして必要な書物が申し込んだ翌日、身近にある図書館施設から借り出すことができたら、どんなにわれわれのあいだに知識が普及し、われわれの生活が合理化され、われわれの趣味が豊かになり、われわれの判断が正しくなり、ぎこちない市民生活にも多くのうるおいを与えてくれることであろう。

村落に行けば威勢よくブックモビルが走っている、美しいメロディを風に乗せて。だが、これもまだまだショウの域を脱していないのではないか。根づよい図書館の弘報活動は、もっともっと四六時中を通じて、これでもか、これでもかというくらいに市民の耳に響いてもよいのではないか。創意はもちろんのこと、あらゆるくふうをこらして、それぞれの図書館が、その地域社会に適応した対外活動を試みることは、いよいよ多くの読者を図書館に結びつけることとなり、またいっそう図書館の社会的基盤を鞏固《きょうこ》にする上からも、深い考慮《こうりよ》とつよい実践とを求めている喫緊《きっきん》の要素であるということができるであろう。

このように考えて、ここに本書を世に問うことにした。それは数年来、天理大学・天理短期大学に講義したものをもとに、多少の加除修正したものであることは、前著『図書の選択』〔日本近代図書館学叢書第6巻収録予定〕のばあいと同じである。わたくしの未熟な研究と僅少《きんしょう》な経験と浅薄な観察とに対し、ひろく――とくに実際家の教示を得ることができれば幸いである。わたくしはわたくしなりに、いろいろな資料から養分をとりいれ、こころに思うままを述べたつもりであるが、菲才《ひさい》のためにじゅうぶんにこなしきれず、措辞《そじ》のたどたどしい罪の浅からぬものを感ずるのである。もし本書を機縁に、より多くの建設的な図書館活動をみるに至るならば、わたくしの喜びは、これより大なるものはない。

終戦後アメリカ教育使節団の勧告などもあって、図書館ブームが現れるようになり、聞くところによると、そこここに、図書館の「教祖」があらわれたり、図書館の「法皇」がいるということである。わたくし自身としては、むしろ図書館の「鬼」となって独舌《どくぜつ》を生涯試みたいとねがっている。もとより鬼才があるわけでないから、鬼面をもって脅《おびや》かすこともできないし、鬼策《きさく》をもって迫るだけの気魄《きはく》も心得もない。もし、わたくしの説くところに、多少なりとも鬼哭《きこく》啾啾《しゅうしゅう》たるものがあるとみられるならば、それは鬼籍《きせき》に入る日の遠くないもののくりごとと寛恕《かんじょ》されたい。

ことし昭和三十一年は、わたくしにとって、大正五年九月、はじめて京都帝国大学附属図書館に籍をつらねてから、まさに四十年に相当する。過ぎ去ったいく山河をかえりみて、はるけくも来つるものかなの想いがある。この機縁をつくってくださった重山新村《ちょうざんしんむら》博士が喜寿のときに詠まれた「よき国に生まれ、よき代《よ》に学び得て、よき師よき友にあひにけるかも」と、わたくしもまた、感懐をひとしくするものである。老軀瘦身《ろうくそうしん》、天外の孤客であるわたくしも、なお「年齢に生命を加え」て、また「明日」のかしまだちを用意するのである。「こころよく、われに働く仕事あれ、それをし遂げて死なんと思う」(石川啄木)

本書の刊行にあたり、京都家政学園高等学校加茂弘先生からご親切な教示をいただき、また蘭書房社長諸星定治郎氏・編集部員皆川則久氏、岡本美耶さんにいろいろとお世話になった。記してふかき謝意を表する。

一九五六年　盛夏　下鴨《しもがも》の寓にて

著　者

目次

4　対外活動と地域社会　143

序章　図書館学の五法則

緒論　対外活動に先だつもの

「外交は内政なり」ということばがある。国力が内に充実して、はじめて国威が外にかがやくのである。国力とは武力だけではない。その国民のもつ文化が国力なのである。政治も経済も、産業も技術も、学術も教育も、品性も習慣も、すべてが総合されて、その国の文化をつくるのである。文化はまた文華でもある。

図書館の対外活動——以下、多くのばあいに、略して単に対外活動という——もまた、それぞれの図書館が、その内容の充実した実体を備え、そこに働く職員が協力一致の体制をととのえ、図書館奉仕の精神に徹し、地域社会の要望に対応しうる段階に達するのでなければ、図書館の勢力を外に拡張し、図書館奉仕をふかく浸透させ、地域社会の理解を把握し、その支持をうけることが困難であるといわなければならない。しかし、それと同時に図書館は、その対外活動を通じて公衆を味方とし、その意見や態度から判断して図書館の内容を充実させ、図書館奉仕を強化することができるのである。すなわち図書館は、ひとり現実に与えられた問題の解決にあくせくするだけでなく、さらに新天新地の開拓にも貴い精力をそそぎ、内外呼応して図書館設立の目的を達成するにつとめることによって、社会の福祉に貢献し、あたたかい血の通った社会をきずきあげるのでなければならない。

アメリカの大統領セオドア・ルーズヴェルト（Theodor Roosevelt, 一八五八〜一九一九）は「教会と学校とについで、アメリカでは無料公共図書館が、善いことに対して最も有力な影響をもっている」(After the church and the school, the free public library is the most effective influence for good in America.)といっているが、近代日本では、ひとり学校だけが教育的感化力をひきさらって独占しており、社寺・教会は祭礼の対象であったり、死者供養の場であったり、特定の地方の特定の年齢層をのぞいては、その感化力は、きわめて稀《き》薄《はく》なものがあるように思われる。図書館にいたっては、地域社会の関心は、はなはだ微弱であって、かりにいくらか、その存在に注意するものがあったにしても、それは自分たちの生活とは縁の遠いもの、学者とか学生たちの行くところぐらいに考えていた傾向がある。このように図書館が振るわなかった原因は、一つには、図書館の機構が不備であって、人手が不足していたこと、二つには、図書館の職員が、ひたすら図書の整備(分類・目録)に忙殺されていて、図書館のお客さま(パトロン)に対する十全の奉仕が、忘れられがちであったことが反省されるのである。

ひとりびとりの人間の身につけた学問なり教養なりで、より多くの価値をもつ貴重な部分は、決して他人から教えられたり、つめこまれたりしたものではなく、自分自身で学びとったものであることは、誰でも異議のないところであろう。そのために、よく整備された図書館は地域社会の人びとに、自から学び教養をふかめさせる機会と方法を具備《ぐび》しているはずである。とは言え著者は、マス・コミュニケーションとよばれる大衆交信の施設――ラジオや映画や、新聞雑誌の価値を過小評価しようとするものではない。ただ当面の課題として、図書館は社全的教育的施設として、最もデモクラチックなものであることを指摘したいのである。したがって国策として、このような施設をつくり、これを維持することは、国民一般の社会的教育的関心を助長し、一般大衆のために公共福祉の目的に役だつものであることを信ずるものである。

これまでわが国の図書館活動のうちで、いちばん大きな比重をしめてきたものは、図書の館内閲覧制度であった。それさえも、きわめて消極的であって、いろいろと規則にしばられて不便なものであり、図書館奉仕などというものは、ひとかけらさえも見られない冷たい官僚的な不親切さであったということができよう。それでも因習の久しき、自から俗をなして、誰もかれも、これを怪しむこともせずに唯々諾々《いいだくだく》、これを見送っていたのである。況《いわ》んや読者に対し、あるいは一般社会に対して呼びかけたり、図書館を宣伝することは、控《ひか》え目というよりも、むしろ士君子《しくんし》の恥と考えるほうが強かったのである。詮《せん》ずるところ図書は保存すべきもの、そのよき監守者となるためには、読者の不便や不利益には目をつむって、多少の犠牲もまたやむを得ないという考えであったとしか思われない。

しかし近代日本の産物である図書館という社会的教育的機関が、地域社会のもりあがる熱望によってつくられたものでなく、府県・市町村設立者の任意による施与《せよ》――装飾物――であったにせよ、その存在を維持し、ますますこれが発展することを期待するにおいては、一般公衆の好意と理解とを捉《とら》え、その信頼と協力とを受けなければならないことはいうまでもない。そのために図書館は、その政策・方針を社会に訴え、その経営の実体を一般に周知せしめ、そのいずれもが社会に貢献し、公衆に喜ばれるものであり、一般に益するものであることを絶えず説明し、その支持を得なければならない。民主主義社会においては、輿論《よろん》とともにあるものは栄え、これに背くものは滅びる。いかに多くの図書館が生まれ、それがいつのまにかうたかたのごとく消え去り、あるいは萎靡不振《いびふしん》のため「忘却」のかなたに追いやられていることを回想するとき、生存することの苦しさときびしさとを、しみじみと感ずるのである。図書館が社会的環境に自己を適応させ、社会的関係を確立し、生存を維持するためには、「自己分析」が必要であり、「自己改善」が緊要《きんよう》であるにちがいないが、また社会的訴求《そきゅう》（アピール）によって一般公衆の建設的な理解と支持とを得なければならない。

図書館の対外活動は、図書館みずからがよい実体を備えていて、そのよい実体を図書館奉仕の面で実践し、それによって一般公衆の満足をうることが第一の基礎的要件である。図書館がよい実体を備えるということは、図書館の「自己分析」による「自己批判」の結果が、「自己改善」となって対外活動の計画が生じてくるのである。われわれはまず、わが国の図書館の実状にレントゲン写真のレンズを向け、それに映し出される様ざまのポーズによって、図書館不振の原因となる病巣の所在をたしかめ、病勢の進行状態を把握し、その診断にもとづく適正な療法が講ぜられなければならない。そのために、図書館とは何か。なぜ存在するのか。どのようにあらねばならないか。何をしたらよいのか。どのようにしたらよいのか、等、等、あらゆる角度から自己観照をこころみ、輿論の動向を分析し研究し、「自己反省」のふかいじゅうぶんな基礎に立脚する必要がある。

図書館はいうまでもなく、（a）**図書館資料**を媒体として、（b）地域社会の**要求に奉仕**し（c）その奉仕拠点として**建物**または場所をもち、（d）維持と運営とに必要な**経費**が与えられ、そして（e）**図書館専門職員**がその管理に任じている施設なのである。ところが「灯台もとくらし」の諺《ことわざ》もあって、とかく足許《あしもと》がおろそかになりがちであり、そこに第一の盲点があるように思われる。そこで「内より外へ」、「近きより遠くへ」の見方から、図書館の「自己反省」の資料として、著者はインドの図書館学者ランガナタンの『図書館学の五法則』[1]を、ここにやや詳しく紹介し解説することとした。著者はまず「図書館の神髄《しんずい》」にふれたのちでなければ、図書館の対外活動について語るべきものでないと信ずるからである。

現代のインドが国内的にどんな問題をもち、国際的にどんな地位にあるのか、ほんの乏《とぼ》しい知識しか著者はもち合わせていない。しかしネルー首相をもつことによってインドは、千鈞《せんきん》の重きを内外に加えていることは事実

1　Ranganathan, S. R.: The Five Laws of Library Science. Madras, Madras Library Association, 1931
竹林熊彦訳　現代図書館運動概観　図書館雑誌　昭和十年四、五月
竹林熊彦　ランガナタン『図書館学の五法則』「土」第二十一号　昭和二十七年四月

であろう。またインドの図書館界が、どんな苦悩を蔵しているかについても無知に近いものである。しかしランガナタンをもつことは——あるいは、もったということは、インドにとって幸福であるといわなければならない。著者は彼の著書を通じてひそかに羨望《せんぼう》の感をインドに抱くものである。彼がインド図書館の「教祖」であるのか、「法皇」であるのかの詮索《せんさく》は無用であろう。この書は彼の処女作ともいうべきものであり、その後に続々と出版された等身にちかい彼の著述は、インドの図書館に多くの礎石《そせき》を置き、その前途の多望を物語るものというべきであろう。著者は彼において「図書館の神髄」に接し得たことを光栄とする。イギリスやアメリカの学者先生の教えてくれなかったものを、多く学び得たことをふかく感謝する。

岡倉天心はいう、「アジアは一なり」と。

第一法則　書物は利用するためのものである

ランガナタンの第一の法則は、「書物は利用するためのものである」(Books are for use) というのである。何という単純なことばであろう。何という平凡なことばであろう。そしてまた、何という含蓄《がんちく》の深いことばであろう。図書館技術と図書館実務の多くは、この単純な、しかも平凡なことばのうちに包含《ほうがん》されている。図書館の果てしない仕事——図書の選択、図書の注文、図書の購入、図書の受入、図書の分類、図書の目録作成、図書の書架配列、図書の展示、図書の貸出、図書の弘報宣伝《こうほうせんでん》、図書のレファレンス・サーヴィスなど、あらゆる図書館の業務は、すべてこの第一の法則を成就せんがためである。

家を建てるのは住むためであって、外から眺めるためではない。それと同じように、図書館が書物を手にいれ、これを組織的に処理し、これを保存するのは、装飾を目的とするのではない。図書館の図書資料は、学校や、大学や、都市や、営利会社の附属物とするためのものではない。書物の数が少なく、貴重であった時代には、これを保存するために万全の注意を払うことが、図書館管理者の大きな責任であった。しかし印刷技術の進歩した近代では、書物は鎖《くさり》と鍵《かぎ》とから解放され、その利用は少数の特権階級（Class）から、庶民大衆（Mass）に及ばなければならない。

書物は利用されるためには、図書館は地域社会の中心にその位置を占め、もっとも便利のよい、また最も気もちのよい建物を占有しなければならない。学校図書館はもとより、大学図書館はキャンパスの中心にあることが望ましい。都市では人口の数に応じ、住民の密度にしたがい、それぞれの地区に、住宅区域に商店街に、分館（branch library）なり準分館（sub-branch）が置かれなければならない。工場に、労働組合に、各種団体に閲覧所（deposit station）が設けられて、中央館から定時に移動図書館（traveling library）が訪問する方法が講じられなければならない。

図書の展示会がしばしば開かれることは、まことに喜ばしいことである。しかし、その目的は読書を奨励するためであるのか、それとも利用されないで保存されている珍らしい財宝物的図書——稀覯書《きこうしょ》や、大小さまざまな不思議な形をもった図書を、博物館的に陳列《ちんれつ》して鑑賞させるためであるのか。世間一般に誰でもが、天下の孤本《こほん》を襲蔵《しゅうぞう》することができないとするならば、このような稀覯書の展示は、いたずらに物欲をそそり、無縁の衆生を愚弄することになりはしないであろうか。書物が利用されるためには、むしろ時代に有用な有意義の図書を展示し、これを芸術的に配置し、読書欲を刺激することが望ましいのではなかろうか。

図書は決して華美（はで）なものではない。きわめて平凡なものである。あるいは単調無味といってよいかも知れない。著者の思想は冷たい文字となって、固定した形態をもって示されている。著者が親しく、そのことばをもって語るときのような音声の抑揚《よくよう》を伴うものではない。手足のジェスチュア（しぐさ）や、顔の表情や、眼の運動など、著者の人格が、情熱が、そのままに伝えられ、表現される利益を、われわれは書物からうけることはできない。書物はテレビによる演出効果に及ばないのである。

しかし書物は魅力のある装幀《そうてい》をもったものが少なくない。印刷が鮮明で美しいものがある。図版や地図の豊富なものがある。索引の便利なものがある。これらの外形に誘われて書物を手にし、開巻これを読もうという意欲を起こすのである。食欲を感ずるのである。これらの図書は、その汚損からこれを守り、修理や手入れに注意しなければならない。しかし読者に利用されたために、疲れきったうえに毀損《きそん》して、役に立たなくなった書物は、いわば天寿を全うした人間とおなじことである。愛情の絆《きずな》をたって野辺の送りを営むことをしなければならない。しかし廃棄した図書に、なお読者の要求があり未練があるならば、新本をもってさしかえたらよいのである。

書物が利用されるためには、図書館は人間の眠っているあいだを除いて、常に開かれていなければならない。昼も夜も、日曜も祭日も、冬も夏も開館されるような組織になっていなければならない。

しかし図書館の書架に、動きのとれないほどに図書が並べられてあるからといって、それが図書館であるということはできない。図書を整理し保管し監督する職員があるからといって、それを図書館とよぶことはできない。また多くの人びとを図書館に誘致することができて、肩々《けんけん》あい摩《ま》することになっても、それが図書館のあるべき姿ということはできない。書物は物である。著者の思想を伝達する機能をもつ物である。著者の思想は、これをうけとるものの必要に応じて変化するものでもなければ、読者にふさわしく調節してくれるものでもない。だからもし図書について十分な知識をもち、かつ読者と親しい友人をもって任ずる図書館職員のレファレンス活動を通じて、その図書に生命がふきこまれて読者の利用に導かれるのでなければ、図書館はその責任を果たしたとはいえないのである。欣《よろこ》んで図書館奉仕に挺身《ていしん》する図書館職員の手により、書物と読者とが融けあって一体となるとき、そこにはじめて愉《たの》しい図書館が存在するのである。
要するに図書館の一切は、書物の利用を目標に準備されなければならない。そこに図書館奉仕ということばも活きてくるし、図書館職員の人格が光を放つのである。

第二法則　書物はすべての人のためのものである

ランガナタンの第二の法則は、第一の法則と同じように、きわめて単純である。「書物はすべての人のためのものである」(Books are for all) というのである。第一の法則が書物の側から主張されたものとするならば、第二の法則は書物を利用するものの側から説かれたものである。

書物は利用するためのものであるということを承認するとして、なおそれを**少数**のものに制限することができる。また実際に、いままでの長い時間の歴史を通じて、ごく最近まで多くの国ぐににおいて教育は少数の治者階級にかぎられ、したがって書物もまた王侯・貴族・富豪・学者・祭司のあいだにのみ利用されてきた。図書の出版も学者や識者本位であって、庶民の必要に応ずる出版は、ごくまれであったことも事実である。しかし教育が**一般大衆**に解放され、陋巷《ろうこう》から大学までの途が開かれた現代では、書物もまた、すべての人びとのために存在するのでなければならない。[2]

2　教育基本法　第三条〔平成十八年改正後は第四条〕(教育の機会均等) すべて国民は、ひとしく、その能力に応ずる教育を受ける機会を与えられなければならないものであって〔改正後は「ならず」〕、人種、信条、性別、社会的身分、経済的地位又は門地によって、教育上差別されない。

ランガナタンの第二の法則は、民主主義の到来によって、その真実なことが承認されるようになった。すなわち人間という人間は、その職業が何であろうと、あるいは社会的地位がどうであろうと、図書を通じて、その能力にかかわりなく、全生涯にわたり、みずからの教育を継続することのできる均等の機会をもつことが承認されているのである。図書館がこのような民主主義の背景をもつようになったのは、十九世紀以後の事実である。わが国において民主主義は、なおきわめて幼稚の段階にあって、封建的勢力が温存されており、図書館の世界でも官僚的思想が牢乎《ろうこ》として抜きがたい憾《かん》のあることは否定できない。われわれはまず、この偶像を破壊することが先決問題なのである。

しかも西欧諸国においてさえも、この第二の法則が広く児童にも、農・山・漁村の住民にも図書館奉仕を拡大し、これを強化する必要を意味するものであることを認めさせるには、多くの時間がかかったのである。わが国ではまだ、**児童図書館**はとり残されている状態であり、**農村図書館運動**は微弱であって、もっと盛んになってよい筈《はず》である。[3] 書物がすべての人のものであるとすれば、都市に住むホワイト・カラーだけに、その利用がかぎられてはならないのである。農は世界を養う。農業技術の進歩は国民生活を一そう豊かにする。そのためにも農民に書物を与えなければならない。また交通機関の進歩発達は農村と都市とを接近させ、都市の生活様式にふれさせるようになった。これまで農民のあいだに潜在しておりながら、久しく眠っていた読書欲が覚醒するようになった。新しく発見された農村の読者層のために、書物は都市から農村へ送られなければならない。

さらに「書物はすべての人のためのものである」からには、ひとり正常の健康の人びとだけを図書館奉仕の対

3 浪江虔　農村図書館　増補再版　河出書房　昭和二十六年（教育文庫）

象としてはならない。**盲人**に対しても図書を与えなければならない。[4] いまや各国ともに国立盲人図書館の設立に力を致し、盲人のために点字図書を印刷し、これを保存して貸出す計画を進めている。わが国では、まだ国立点字図書館は設けられていないが、ヘレン・ケラー女史の三回におよぶ来朝に刺激されて、東京の日本点字図書館、大阪のライトハウスなどに独立した盲人の読書施設が、おいおい充実するようになったばかりでなく、各地の公共図書館にも地域社会の盲人のために奉仕する施設が、つぎつぎに活発になってゆくのはうれしいことである。

また「すべてのもののため」に図書は存在するという、その「すべてのもの」のうちには、**病院**にいる患者のための図書館奉仕がふくまれている。灰色の壁にかこまれ、白いシーツのベッドに、倦怠《けんたい》の回復期を送る病人にも、書物は与えられなければならない。美しい絵本、楽しい文学書、美術雑誌をのせた手押車が、病棟から病棟へ、ベッドからベッドへ運ばれて、健康をとりもどすために役立つのでなければならない。そのほか**監獄**にいる受刑者にも、シャバにでたときの準備のために書物が与えられなければならない。船乗りの水夫たちにも、孤島の灯台守にも、ひとしく書物が与えられて知識欲がみたされ、自由な判断と行動の糧《かて》とならなければならない。

図書館立法と図書の選択

図書は万人のために存するというランガナタンの第二の法則は、国民のひとりびとりが洩《も》れなく、その欲する図書を手にする事ができるということである。言いかえるならば「**すべての読者に、その図書を**」(Every reader, his or her book) ということである。そのために国家は、その国の法律をもって図書館についての規

4　竹林熊彦編　特殊図書館　蘭書房　昭和三十年

程を設けなければならない。そして世界の文明国は、いずれもその国情に適当した図書館立法を行っている。わが国のふるい図書館令はしばらく措《お》くとして、戦後には「国立国会図書館法」、「図書館法」、「学校図書館法」などが相ついで制定・公布され、多かれ少かれ、この線に沿うような国策がとられている。

図書は万人のために存するという法則はまた、図書館がどんな種類の図書を選択し、購入して備えなければならないかを示すものである。すなわち図書館は、その奉仕する読者社会の関心をもつ事がらについて知っていなければならない。例えばもし**公共図書館**であるならば、その地域社会の住民の職業に関する図書を備えなければならない。もしまた**学校図書館**であるならば、学習カリキュラムに関する図書を収集しなければならないことはもちろん、およそ児童生徒が必要とするであろうと予想される図書、美術・音楽に関する図書、技術に関する図書、科学・歴史・伝記・地誌紀行の図書が備えられなければならない。それは児童生徒の好奇心には際限がないからである。なお**実業図書館**であるならば、その受け入れる図書は、その母体である企業体の経営する事業面に、直接関係のあるものでなければならない。

公共図書館にしても、学校図書館にしても、ひとり上述したインフォメーションの図書――事実や情報を伝える図書ばかりでなく、心のしこりをほぐす軽い文学書など、レクリエーションの図書をも備えなければならない。これらの図書は、他の一般の慰安・娯楽――麻雀・パチンコ・競輪などのように好ましからぬ影響や、有害な結果をもたらすものであってはならない。さらに図書館の蔵書のうちには、人間の内部的生命を燃焼させ、昂揚《こうよう》させ、激励し、駆りたて、押しすすめ、永遠を慕い、荘厳にあこがれる「こころ」の転換に資する図書がなければならない。

図書館の図書は、**語彙**《ごい》と**文体**とにおいてバラエティに富むものでなければならない。学者によってのみ理解される図書があり、不学者にも興味のもてる書物がある。知力の成熟したものにも、精神力の発達しないものにも、その中間層の読者にも、それぞれ適当した図書が図書館には備えられなければならない。ランガナタンの第二の法則はまた、図書の**形態**とも関係がある。児童図書は形も手ごろであって、活字が大きくなければならないというのは、その一例である。このようにこの法則は、図書の選択についても関連性をもつことを、とくにここに指摘しておきたい[5]。

第三法則　すべての図書を、その読者に

図書館学の第三法則としてランガナタンは、「すべての図書を、その読者に」(Every book, its reader) をあげている。第一法則は図書館の変貌を意味するということができるならば、第三の法則はこれを徹底させるものであり、さらに第二の法則に精確性を与え、これを厳密なものにするものである。すなわち書物の運命は、一にかかって読者の手に委ねられていることを宣言するものである。

図書それ自身は、じぶんの力で動くことのできないものである。図書は自発的に読者の手許に飛びこむわけにはいかない。また読者に囁《ささや》く声をもっているわけでもない。まったく図書館職員に依存して、読者のところへつれていってもらうか、読者を図書自身のところへ誘うかするほかにきめ手はない。もし図書が図書館の書架に、いく日もいく月も閉じこめられていて動けないとしたら、かならず溜息《ためいき》をついて図書館職員に愚痴《ぐち》をこぼすなり、呪いのことばをあびせかけるであろうことを忘れてはならない。

5　竹林熊彦　図書の選択　蘭書房　昭和三十年

このように考えてくると、図書館職員は図書館の建物から飛びだして読書大衆のあいだにおどりこみ、かれらを図書館に誘いみちびくために遊説《ゆうぜい》しなければならない。図書館の職員は新しく図書が到着したときには、そしてまた前から存在しておりながら、読者の顧《かえり》みるところとならなかった図書を、その予想される読者の注意を惹《ひ》くように努めなければならない。その方法として**図書館報**（library bulletin）――謄写版《とうしゃばん》にするなり、活版印刷にするなり、それは、図書館の予算の許す範囲でどちらでもよい――を配布し、あるいは地方新聞の報道欄を利用するなり、または公衆の集会で**弘報宣伝**（publicity）の手段を講ずべきであろう。人びとが図書館に来ないのは、かれらが図書館奉仕の実際を知らないからである。図書館はビラや引き札をくばるなり、講師を派遣して講演会を開くなり、工場・友好団体・クラブ・私人の宅を訪問するなりして図書館の事情を説明し、これを周知せしめなければならない。言いかえるならば、あらゆる弘報の手段と方法とをつくして、地域社会の人びとを図書館にひきつけなければならない。そして、それらの人びとが、ひとりのこらず図書館を利用するようになるまでは、ひとときも休んではならないのである。

書物というものは、人工によってつくられた物である。人びとは容易にこれに近よることをしないのである。地域社会の人びとが正常な読書をするようになるまでには、数年ないし十数年の時間を必要とするものである。たとえばイギリスにクロイドン（Croydon）という町がある。ここはランガナタンが図書館学の実習にいっていた町である。ここの公共図書館は創立以来すでに半世紀の年月を閲している。そして図書館の運営は能率的に行われているし、住民はすべて文字のある人びとである。しかもこの図書館は五十年のあいだに、その住民の60％を図書館常連の利用者（borrowers）として獲得したにすぎない。クロイドンの図書館は無料である。図書を借り出すのに保証金を積む必要はない。そしてたえず弘報活動をおこなっている。それでもなお40％の住民を図書館にみちびくことができないのである。かりに30％の住民は幼児と老人で、図書館に行くことができないにしても、まだ10％の図書館を利用しない人びとがいるのである。

わが国民は一般にいって、無学文盲が多いとは断言できないのであるが、公共図書館を利用するものはきわめて少数である。それだからといって彼らが、図書に無関心であると非難するのは当たらない。欠陥はむしろ図書館の側にあって、図書館行政の衝《しょう》に当たるものの責任である。著者は、ある時ある公共図書館長に――その図書館は館内閲覧だけで、館外帯出を許していない――読書週間について何か新しい計画でもあるかと訊《たず》ねたことがある。その図書館長の答えに、このうえ閲覧人員がふえたのでは、せまい閲覧室ではまったく処置なしであると告白されたのである。案ずるにその図書館長にとっては、「読書週間の行事とは、わが館の閲覧人をふやす運動なり」とでも考えているのであろう。このような当事者には「すべての図書を、その読者に」という法則は、馬の耳に念仏ほどにも響かないであろう。地域社会の人びとの必要とする種類の図書が、必要とする数だけ図書館に備えられていて、それが自由に貸出され、自由な環境で読むことができるのでなければ、これらの人びとを図書館に誘うことは困難である。

読書の習慣をつくる必要

電車のなかで汽車のなかで、若い世代の人びとが多く文庫本を読んでいるのを見うける。それは退屈しのぎの読書であって、インフォメーションを意欲するのではないかも知れないが、とかくの批評は無用である。わが国民の多くは家庭においても職場においても、読書の習慣をもつものは極めて少数だということができる。また他の人びとが、熱心に読書している状態を見る機会に乏しいということもできる。そのために地域社会の成人を、図書館のパトロンとすることによって「すべての図書を、その読者に」与えることは、図書館の弘報宣伝だけでは、これを最大限度に引きあげることができないのである。その原因は、われわれの過去の学校生活において、一つの主題――例えば理科なら理科について、一冊の教科書を中心として強制的な詰めこみ授業がおこなわれ、児童生徒ひとりびとりの要求を顧みることをしなかった結果、そのような教育をうけた成人たちは、おのずから図書そのものに反感を感じ、読書ということに反抗心と反逆心とを抱《いだ》いたのではあるまいか。これがために若いインテリゲンツィアは軽い読みものに飛びつき、読書をアクセサリーにするのではなかろうか。

人間は年をとってから新しい習慣を形成するということは、ひとり肉体的習慣において困難であるばかりでなく、精神的習慣においても同じようにむずかしいのである。人間は年齢とともに肉体的にも精神的にも弾力性を失い、硬化してくるものである。だから「すべての図書を、その読者に」与えようとするならば、年少の児童生徒の時期に読書の習慣を形成しておかなければならない。わが国の児童図書館や学校図書館が盛んになることは、この点から見て喜ばしいことである。

しかし問題はある。

例えば一九四一年にアメリカ国民教育協会（National Education Association）とアメリカ図書館協会（American Library Association）とが共同して採択した学校図書館の目的のうちには、「児童生徒をできるだけ早く地域社会の図書館に紹介し、これらの図書館と協力して、かれらが生涯を通じて自己教育を継続し、文化的発達をすることを奨励する」という一項がある。また一九二一年に前記国民教育協会（N. E. A）の図書館委員会が採択した報告書のうちには、「図書館の利用について児童生徒を訓練することのできるじゅうぶんな設備をもたない学校組織は、すべて将来のアメリカ市民に対して、教育手段として公共図書館のもつ資料と、これを利用する機会とを示す方法について、完全な義務を果たさないものである」と説いている。なおファーゴ（Lucile F. Fargo）は学校図書館の目的が「形式ばらない読書を生涯の習慣として養成する」（To foster informal reading as a life habit）にあると述べ、学校図書館と公共図書館との顔力について、多くのページをその著書にさいている。[6]［註・informal（形式ばらない）は informational（情報の）の誤読か］

率直にいってわが国の学校図書館と公共図書館との協力は、なお未《いま》だしの感がふかい。しかも公共図書館の利用者の多数は、学生生徒であると統計には出ている。人間の教育は揺籃《ようらん》にはじまり、墳墓《ふんぼ》に終わるものである。学校で学校図書館を通じて読書の習慣が養われても、それが公共図書館にうけつがれ、一生を通じて育てられてゆくのでなければ、いたずらに精神的捨て子をつくることであり、仏を作って魂をいれないことになるのではないか。「すべての図書を、その読者に」とは、畢竟《ひっきょう》するに痴人《ちじん》の夢を説くに類するものであるのだろうか。

主題の分析と図書の展示

半世紀ほど以前に、アメリカの公共図書館が案出した**開架制**は、たしかに「すべての図書を、その読者に」与える便宜《べんぎ》な方法である。図書館はしばしば百貨店になぞらえられるのであるが、なるほど百科の図書が備えられ、読者の利用をまっている。それはちょうど家具・衣料・食糧などの百貨が、顧客によって購買されるのを待っているデパートに似ている。しかも百貨店では、これらの品物の多くは展列されていて、棚や箱にしまいこまれているのではない。顧客はいちいち手にとって好きなものを選択することができるのである。百貨店には万引の被害がある。しかし百貨店にくる人がみな、万引を目的としているのではない。図書館は開架制によって盗書の被害があっても、図書館に出入するものが、すべて書物を盗むものであると考えられない。開架制によって図書館

6 Fargo, Lucile F.: The Library in the School. Chicago, A. L. A., 1930.

の書物の利用はふえ、読者は正しくその欲する図書を発見し、意外な喜びを経験した例も少なくない。

わが国の図書館も、おいおい開架制とするものがふえてきたことは、喜ばしい傾向である。しかし、だからといって開架制の万能を盲信してはならない。多くの図書は、その取扱う主題の範囲がきわめて複雑であって、多くの焦点をもっている。読者の多くは、特殊な事がらについて知ろうとして読書するのである。図書の標題(書名)は、重要な主題を指示しているにちがいないが、副次的な特殊の主題をも示しているとは限らない。実際に書架に置かれている書物が、時に読者によって見落されたり、見のがされたりすることがある。このようなばあいに、もし図書館の目録が相互参照や、主題分析を試みているならば、その援助によってその図書が、その読者をつかまえる機会は増すにちがいない。ランガナタンの第三の法則は、**図書館目録**の完備を要求するものである。

しかしこの法則は、ただ開架制や辞書体目録などの機械的方法だけでなく、図書を解説し説明するレファレンス・ワークが、図書館において行われなければならないことをも意味する。読者と直接語ることによって有能な図書館職員は、読者の趣味・嗜好・関心の何であるかを知り、書物とその読者とを正しく結びつけることができるのである。また図書館は読者を通じて、地域社会の脈搏《みゃくはく》にもふれることができるのである。だから、ひとり図書館を訪れる常連の読者だけでなく、中世的な考えをもっている潜在的読者とも語りあい、書物と読書との価値を説き、図書館が公共の機関として社会大衆のために、どんな奉仕をしているかを周知せしめ、これらの人びとを図書館の読者とするようにつとめなければならない。そのために別にラジオや新聞を利用し、図書館を地域社会の**知的生活の中心**とするような用意が望ましい。

図書館目録が副次的・附加的の特殊な主題を記録することにより、図書のうちに隠されている特別な題目に光を投ずることができて、「すべての図書を、その読者に」与えることとなるならば、書架に久しく動かずに眠っている図書を展示し、忘れられている図書に陽の目をあて、匿《かく》されていた図書を公衆の前に立たせることが、また第三の法則の要請であるといえる。これらの図書をかわるがわるショウ・ウィンドウに陳列し、注意を惹くことのできる場所に並べるためには、図書館建築の技師は他の商業目的の建築にくらべて、魅力のこもったデザインをくふうするだけの技能が必要である。そしてそれらの陳列も平板・単調なものでなくて、手ぎわのよい変化を示さなければならない。

こうしてこれまで利用されなかった図書が、読者の注意にのぼり、「すべての図書」が「その読者」を発見し、その手に図書が渡される機会が増すのである。これらの仕事が成功するためには時間が必要である、忍耐心が必要である、持続力が必要である、信念が必要なのである。

第四法則　読者の時間を節約せよ

ランガナタンによれば書物は利用されるためのものであり（**第一法則**）、読者はすべてそれぞれの求める図書が与えられ（**第二法則**）、そしてすべての図書はその読者を発見する方法が講ぜられなければならない（**第三法則**）。もし第三の法則が学校教師や学校当局に、児童生徒が図書館を利用する習慣を養成することを要求し、図書館職員や図書館当局に地域社会のすべての人びとが、図書館を訪れるように導くことを義務づけるならば、第四の法則は一そう多くの神聖な義務を命ずるものである。それは図書館を訪れる人びとに、少なくとももう一度、図書館にいく意欲を起こさせ、その習慣を保持させるものだからである。

ランガナタンの第四法則は、「読者の時間を節約せよ」（Save the time of the reader）というのである。読者を再び図書館に誘致するためには、読者の心理的テンポを維持する必要がある。それには読者の時間を節約することに、まず努めなければならない。だから図書館の当局者は、適当な数の参考事務を担当する司書、読書相談に応ずる職員を置かなければならない。読者が満たされない心をもって手ぶらで図書館から出ていくことは、買物の目的を果たさないで商店から出てて行くことと同じである。

レファレンス・ライブラリアンは笑顔（smiling face）をもって図書館を訪れる読者を迎え、愛想よく――smiling voice をもってこれに応対しなければならない。親しみのふかい態度と、洗練された愉しい方法とで、読者が訴え求めたいと思っていることを容易に表現できるように、彼らを援助してやらなければならない。読者の必要とする適当な図書や定期刊行物を、もってきてやらねばならない。また読者と協同して、彼らの求めているインフォメーションやレクリエーションの書物を探し出してやらなければならない。

図書館の参考事務を効果的に能率的に実現するためには、その担当職員は二つの資格をもつことが必要である。まず社会奉仕に対する情熱である。レファレンス・ライブラリアンは人間を愛しなければならない。そして人間を助けるために、図書のもつ機能について信仰をもたなければならない。つぎに彼は、知識のあらゆる部門にわたって通じていなければならない。図書館の蔵書構成についても知っていなければならない。書架の配置についても、複雑な図書館目録についても通じていなければならない。参考事務の能率的な図書館奉仕は、図書の書架配列なり、図書館目録がよく準備されていることに基盤をもつからである。

主観的時間の問題

読者の心理的テンポを維持するために図書館は、敏速《びんそく》に読者に対する個人的奉仕を成就することにより、その時間を節約しなければならない。どんなばあいにでも、読者が無駄に時間を浪費したという観念を、抱かしめることのないようにしなければならない。言いかえるならばランガナタンの第四の法則は、読者の主観的時間の節約が、客観的時間の節約よりも、はるかにだいじであることを主張するものである。

ランガナタンはかつて、グラスゴーのある大きな中央図書館に働いていたことがある。この図書館では、すべて図書の借受請求票にタイム・レコードを捺《お》すことになっていた。この力強く音をたてて時間を記録する機械は、生命が長くないこと、また費用の多くかかることから、贅沢品《ぜいたくひん》に類するものでないかという疑問をランガナタンは抱いていた。ところが或る日のこと、ひとりの読者は貸付出納係の書記に向かって、自分の請求している図書の取り出されることの遅いのを詰り、もう何年もここに待っているような気がすると語った。彼は明らかに焦燥の色を示し、憤懣《ふんまん》の態度をかくしきれなかった。そして更に、こんなに長く待たされるのでは、二度と再びこの図書館に来るものかという罵声《ばせい》さえも洩らすのであった。

図書館長はランガナタンと一緒に、しずかに彼に近づき、やさしく、どのくらいの時間まっているのかと訊ねた。彼は少なくとも十五分以上であると答えたが、その時ちょうど図書がカウンターにもち出された。そして借受票にふたたび記録されたタイム・レコードは、この読者がわずか五分しか待っていたに過ぎないことを実証した。そこで彼は自身が無為に待っていた時間の錯覚をはじめて氷解し、このちも引きつづき図書館のお客さんとして、たびたび訪問することを約束したのである。「待つ身につらき置炬燵《おきごたつ》」とは、愛人を待つ日の永《なが》さを歎《たん》ずる切々綿々《せつせつめんめん》の情緒の、やるせなさを唄ったものであるが、その気持ちは、図書の持ち出されるのを待つものの身にも共通するものである。図書は読者にとっては、かけがえのない愛人なのである。

近代図書館が実施していることで、主観的時間の錯覚をまったく解消し、客観的時間の大部分を節約することできる二つの方式がある。その最初のものは、さきに述べた「開架制」と称するものであり、「接架式」とも呼ばれるものである。すなわち図書館の書架を読者に開放し、読者は書架について図書を自由にとり出し、少しもわずらわされることなく、ちょうど自分の書斎から勝手に書物をとり出すようなものである。

つぎの方式は、図書の貸出に関する「ブック・カード」と「読者借受票」(Borrower's card) とである。この方式によれば、読者は自分の借りたいと思う図書を、借覧票《しゃくらんひょう》に書く時間と労力とを必要としないし、また図書貸出当番者が借り出される図書の書名なり、借受者の姓名を記入するための時間と労力が少なくなったことを物語るものである。

開架制によれば、読者は書架から図書を選択するのに忙しいけれども、時間の浪費という錯覚をもつことはない。すなわち主観的時間の浪費はない。第二の貸出方式によれば、客観的時間の空費はゼロにちかいものである。

図書館分類について

開架制の図書館において、読者の客観的時間の浪費を最小限度にとどめるため、読者を援助するという意味あいから、図書の書架配列を順序正しくしておくことが必要とされている。特別な主題——例えば租税に関する図書は、特定の場所に集群として置かれなければならない。そして他の異った特別主題の集群——例えば財政に関する図書群とは、それぞれそれ自身の特別主題のもとに集群を形成しながら、相互に——租税に関する図書群と、財政に関する図書群とは——系統的に配列されている。

このように特別な主題間の図書の相互配列と、ある特定の主題——租税——のうちにおいて、ひとつびとつの図書それ自身の位置を、読者の都合のよいように配列すること、そしてその特別な主題を決定することが、図書館学の重要な部門を形成するのであって、これを図書館分類とよんでいる。図書館分類では、図書はそれぞれユニークな記号が与えられ、これを請求番号 (Call number) と称している。請求番号は二部にわかれ、分類記号と図書記号とから成り立っている。例えば著者の『図書の選択』の請求番号は、日本十進分類法（N・D・C）によれば014.1,Tである。このうち014.1は分類記号であり、Tは図書記号である。

分類記号は、図書の所属する特別な主題の名称を翻訳したものであり、図書記号は図書の他の特徴を表示するものである。これらの目的を達するために**人為的用語**を使用することが便利である。この人為的用語を組織化したものが**分類表**(Cliassification scheme)なのである。つぎに公表された著名な分類表を年代順に列挙しておく。

	名称	初刊の年	著者	国名
1	Decimal classification	一八七六	Melvil Dewey.	U. S. A
2	Expansive classification	一八九一	C. A. Cutter.	U. S. A
3	L. C. classification	一九〇四	Lib. of Congress.	U. S. A
4	Subject classification	一九〇六	J. D. Brown.	England.
5	Colon classification	一九三三	S. R. [R.] Ranganathan.	India.
6	Bibliographic classification	一九三五	H. E. Bliss.	U. S. A.

上記の分類表のうち、ランガナタンの「コロン分類」はインドで発明されたものであり、ここにとくに敬意を表しておきたい。すなわちこの分類表は、他の分類表がじゅうぶんにとりあげていない点、例えばインドの文学およびインド学の分類に重点を置き、ヤジュール・ヴェダ（Ayur-veda 吠陀）、インド文学、インド語、ヴェダ宗教、ジャイナ教（Jainism, 耆那）、仏教、インド哲学、インドの歴史・地理・経済・法制などのような主題をとくに取り扱っている。そのうえ更に他の分類表よりも、一般に適用性をもつ要素をふくんでおり、インドの文化・インドの図書を取扱うと同じ徹底さをもって、インド以外の文化と図書とを処理することができる。また過去と現在の知識を処理すると同じ容易さで、将来の知識を取扱うことができるといわれ、これが「コロン分類」の他の

分類よりも優れている点であると、折紙がつけられている。

図書がじゅうぶんにかつ適正に分類され、書架に配列されているということは、読者の時間を節約することであり、第四の法則を満足させるばかりでなく、図書の利用を更に増加し、**第一の法則**をも果たすことである。そして読者への手引として、書架にはそれぞれ適当な案内標識（guides）がつくられ、図書の背には請求番号を記したラベルが貼られている。こうして読者は書架の前を往復することにより、**図書の利用**をいよいよ増す結果となる。

さらに図書の分類は、ある特別な主題に関する図書を一群とし、その他の図書群と相互関係の親疎によって自然の順序に配列してあるため、すべての読者にその欲する図書を発見する機会を増し、これによって**第二の法則**をも満足させている。このように図書が分類されて書架に展示されていると、ひとり読者が時間を浪費せずに、その要求する図書を見つけることに役だつばかりでなく、またすべての図書がその読者を発見する機会を提供することにより、**第三の法則**をも満足させるものであるということができよう。

図書館目録と第四法則

図書館目録は図書館分類と同じように、図書館学の諸法則を成就するために、重要な役割を果たすものである。図書館目録は図書の利用を助長し増進し（**第一法則**）、すべての読者にその必要とする図書を発見させる手引となり（**第二法則**）、またすべての図書がその読者をみつける援助となり（**第三法則**）、さらに読者の時間を節約するように構成されているであろうし、また構成されていなければならないのである（**第四法則**）。

読者はその求める図書を、**著者**により、図書の標題（**書名**）により、叢書名により、あるいは著者との共同労作者である編集者・翻訳者・解説者により、ないしはその事がら（**件名**）を通じてその図書についての知識をもち、記憶しているのである。その意味は図書館目録が、それぞれぞれ著者名・書名・叢書名・翻訳者名・編集者名・解説者名、そして特殊の件名をもってそれぞれ図書を代表して存在しているかぎり、それらをもって記入されなければならないということである。すべてこれらの名辞は、その**国語**をもって記入されているのが常道である。したがってそれらの名辞――ふつうに標目（heading）と呼ばれているもの――をもって始まる目録記入は、それぞれの標目に従ってアルファベット順（ないし五十音順）をもって配列されていなければならない。

ところで普通には、これらの目録記入をもちさえすれば、図書館目録はことごとく尽されたものと考え、能事おわれりとする向きもあるが、決してそうではない。これらの記入様式による図書館目録は、図書館目録の**形態**として正当なものの一半を準備しているに過ぎない。むろん、この種の目録が必要であることは疑いないところであるが、それだけでじゅうぶんであるということはできない。それは各国語の字音順図書館目録(alphabetical part of the catalogue）と称することのできるものであって、他の一半を構成する分類順図書館目録（classified part of the catalogue）――分類記号をもって特別な主題を表現したもの、すなわち国語をもってするかわりに、**人為的分類語**（artificial classificatory language）――数字もまた人為的分類語ということができる――による図書記入を必要とするのである。

分類順図書館目録においては、図書はそれぞれ主要な特別の主題により、また多くの補助的特別の主題によって代表されて記入されている。さきに述べた国語による字音順図書館目録の記入方式を主記入とすれば、これは相互参照記入（cross reference entries）ということができるし、主題分析（subject analyticals）ということもできる。そしてこれらによる記入図書は、その人為的分類語の順序で配列されている。もし読者の関心が、ある特別な著者による特別の図書であるとか、特別の書名のものであるならば、その要求を満足させるためには字音順図書館目録でたりるであろう。しかし字音順図書館目録が何を提供しようと、その範囲がどれほど広くあろうと、読者の関心をもつ主題ならびにそれと関連のあるすべての主題について、一切の図書を求めようとするならば、分類順図書館目録について探し求めなければならない。

そこに読者は、その関心をもつ主題の全領域にわたる資料の展開を認識するであろう。そして今まで、その要求している知識の事がらについて、きわめて曖昧《あいまい》な観念しかもたなかったものが、精確にその要求しているものが何であるかをつかむことができるであろう。これら字音順と分類順との両種の図書館目録により、すべての読者は時間を空費することなく、その必要とする図書を発見する手引が得られるであろう。

図書館目録の標準化と簡素化

われわれは読者の時間を節約するために、図書館職員が読者に個人的注意を払い、それぞれ読者の相談に応ずべきであると前に述べておいた。このことは図書館当局が、一そう多くの専門職員を必要とするものであることを自覚し認識するのみならず、また図書館管理の面において図書館職員の掌《つかさど》る日常の業務において、図書館職員それ自身の時間を節約することをも併《あわ》せて意味するものである。ここにランガナタンの第四法則は、別個の推論をふくんでいるということができよう。

図書館職員が読者のために奉仕する結果として、その日その日に処理すべき事務が遅れたり、停頓《ていとん》したりすることは許されない。図書館業務の時間を節約するためには、その事務を処理する方法が標準化され、これを簡素化することによってじゅうぶんにその利益をうけることができるであろう。図書の分類および図書の目録のような、特定の個人を必要としない図書館業務を中央で合理化することもまた、この第四法則が示唆《しさ》するところのものである。こうして節約された図書館職員の時間を、さらに人間的な参考事務にふりむけることは、図書館奉仕の面からも望ましいことである。

まったく同一の図書が、国内にある千百のちがった図書館において、ちがった図書館職員によって分類され目録がつくられるよりも、中央の国立図書館において分類され、その目録カードが印刷され、これに請求番号が記入され、それが国内のちがった図書館にそれぞれ配給されるとするならば、より多くの画一性と統一性が保たれ、おのおのの図書館でつくると、同じ結果をあげることは疑う余地がない。そして一年間に出版される幾千冊の図書が、同じように中央で目録カードに作成され、追加配布されることによって図書館職員の業務が軽減され、そして節約された時間がレファレンスその他の図書館奉仕にふり向けられることができるならば、図書館としても読者としても、一層多くの効果と能率とをあげるにちがいない。

すでにおのおのの図書館が、それ自身で分類を行い、目録をつくる習慣をもっているところでは、国家経済という高い見地から物ごとを観察し、感情に囚われないで理性の光に照らす習慣をつくりあげる前に、地方的勢力からだけ考えて、この種の中央的合理化をもって、估券《こけん》にかかるものとして、これを阻止することがある。しかし図書館は飛躍しなければならない。飛躍することによって後進国の図書館は、先進国の標準に追いつかなければならない。図書館奉仕が行きあたりばったりで、図書館実務が惰性のままズルズルとムダな慣習をつづけていたのでは、とうてい飛躍も発展も期待することはできない。

第五法則　図書館は成長する有機体である

第五の法則「図書館は成長する有機体である」（A library is a growing organism）というのは、他の法則とちがった性質をもつものである。それは往々にして他の法則が、ともすれば度を過すばあいに、これを調節するのに役だつものである。そして第五の法則は、全体として図書館の**三位一体**――読者と図書と図書館職員とを、同時に考えない点でも他の法則とちがっている。むろん第五の法則は、これらの図書館の構成要素を、それぞれの成長過程において考慮するものであり、また一つの要素の成長は同時に、他の要素の成長に影響を与えることも疑いのないところである。

これらの事がらを検討するに先だち、有機的成長には二つの種類があることを承認しなければならない。その一つは**自然成長**である。第二は**代謝成長**であり、**反復成長**である。前者は児童の身体の成長であり、後者は成人の身体の成長である。児童の身体は絶えず成長をつづけ、身長も伸び、体重も加わるものであるが、それと同じように新しく出発した図書館もまた、読者と蔵書と職員とにおいて自然に成長していくのである。しかし成人の身長と体重とには最大の限度があるように、多くの図書館についてみると、読者と蔵書と職員とにおいて最後の限界に到達することが予想される。ただその例外となるものは国立国民図書館である。

例えば、わが国の学校図書館は児童期の成長段階にあるということができよう。しかし創設すでに相当の年数を経た公共図書館でも、成人期に達したという図書館はそう沢山にあるとは言えない。多くの図書館はなおヨチヨチ歩きの状態にあることは、ランガナタンの第一の法則と第三の法則の示すところである。現代のわが国の図書館職員は、それだからして、まず彼らの責任として一般民衆を説得して、図書館を利用させることに多くの思考と時間とを傾けることに負荷を感じなければならない。そのためにも図書館の対外活動は必要なのである。われわれは永いあいだ、この児童期成長に低迷しているわが国の図書館をみてきた。そしてわが読者の大部分もまた、ある意味で生涯の大部分を、このような成長状態を見守りながら送るであろうことを悲しむものである。

わが国民の大多数は無筆でないのであるから、アメリカの公共図書館が試みたような、黒人や外国多民に対する活動に類するものを、わが国の図書館が地域社会の他の諸団体と協力して計画し、文盲を一掃するために援助の手を伸ばす必要はないであろう。地域社会が一般に文字を解しているにしても、図書館が成人期に達するまでには十数年ないし数十年を必要とするものである。西欧諸国の経験に徴しても、義務教育の行われている国であって、七十五年以上にわたり図書館組織がうまくいっていて、その経営は申し分がないと認められている地方でも、その公共図書館を利用している住民の率は、わずかに三〇％にすぎないところがある。――わが国では、本当に公共図書館を利用しているものは、全人口のほんの〇・五％である。――かりに年齢その他のハンディキャップから、日ごろ図書館を利用することができないにしても、図書館を利用できる人びとの四〇％以上が、依然として図書館にこないところがある。これらの都市の図書館は利用する読者の数において、その成長段階がまだ成人期に達していないことを示すものである。このような状態は農・山・漁村のばあいには、更にみじめな数字となってあらわれてくることは言うまでもない。

図書館建築と図書館職員

どのような図書館でも読者の数は、徐々ではあるが漸次《ぜんじ》に増加して伸びていくものである。蔵書の数もまた、これに歩調をあわせて数においても、主題のヴァラエティにおいても増加し成長していくものである。さらに図書館の数も増加することは、読者と蔵書の増加に同調していくものである。このように図書館の三位一体の成長を予期するとき、図書館建築の設計についても、常に図書館の成長に注意を怠ってはならないという意味がふくまれている。

かりに子女のために一軒の家を建てるとして、その家屋の高さなり大きさなりを、幼児の身長によって決定するものでないことは分かりきったことである。こどもたちが成長して、その家族なり友人なりとともに生活するときに必要な、ふさわしい規模の家屋を建築するにちがいない。同じように図書館の建築を計画するに当たっても、それが成人期に達したときの必要を考慮に入れておかなければならない。少なくとも図書館建築の設計はかくあるべきものであって、年次的に間隔を置いて、一部ずつでも部分的なし崩しに、建築を完了するように計画されなければならない。

第五法則のふくむ意義を無視したため、過去の図書館建築は非常な浪費をみたことは否めない。すなわち最初の建築に余裕をもたせる空間を欠いていたために、平面的に拡張する余地を見出すことができなかったり、また土地の基盤が跪弱であったために、立体的に上層建築を伸ばすことができなくなり、自然と増築計画を放棄しなければならなくなった実例が少なくない。上記の空間と地盤関係の二つの不利益と不便とが、かりに存在しなかったにしても、もし図書館の建物が円形であったり、あるいはそのもろもろの部屋が余りにもシンメトリカルに過ぎたりするため、その拡張を許さないばあいがありうる。もし強《し》いてこれを敢行《かんこう》しようとするならば、図書館増築に必要な経費は、住民の負担に堪えられないほどに膨脹することになるのである。

ランガナタンはマドラス大学図書館の建築が、必要の度ごとに変化を生じている実例をもって彼の第五法則を明白に説明している。すなわち一九一二年には五〇×三〇フィートの建物で、最大の要求が満足させられると考えられていた同大学図書館が、一九一八年にはその三倍の場所が考慮されねばならなくなり、一九二四年の計画では六倍を必要とすることがわかった。一九二八年にランガナタンは、当時四万冊であった蔵書が、三十年後には五倍の二〇万冊に増加するという見通しをたて、毎日の来館者は二十倍に達するという計算を基礎に、図書館の面積を二十倍とすることを主張したのである。しかし第二次世界大戦の結果、この計画もすでに時代おくれの陳腐なものとなったのかも知れない。

第五法則は図書館が成人期に達する以前に、どれだけの図書館職員を必要とするかを明らかにしていない。せっぱつまった中央および地方の財政状態は、必然的に図書館職員の必要量を極度に切りつめ、図書館当局は増員につぐ増員の要求をみて不平を鳴らし、執拗《しつよう》にこれを拒んでいる。しかし彼らは有能にして資格のある図書館職員——図書館の知識をもち、図書館技術を身につけ、図書館人としての情熱をあわせ備えた人びとが、どんなに早くその数を減じてゆくかを知らないのである。中途半ぱで、なま半可な無資格で不適格な図書館職員は、どんなにその抱負を世間に吹聴したところで、その図書館奉仕は専門職員の半分にも及ばないのが当たり前である。

図書館は弘報活動の結果、多くの読者が図書館に殺到してきて、じゅうぶんな奉仕ができないほどである。また日毎に受け入れる図書は、これを組織化することができないほどに職員の手不足を生じている。その結果いたるところに不平と不満との渦を生じ、各方面から批難と嘲笑の声が聞かれるようになっている。図書館専門職員は読者と図書館資料の増加とテンポをあわせて、算術級数的に増加したのではじゅうぶんでない。幾何級数的に成長し飛躍すべきものである。

成人期の図書館

図書館が成人期の段階に達したときには、その成長は代謝時代に入るのである。すなわち旧い読者が新しい読者にかわり、疲れて役にたたなくなった図書が新しい図書にかわり、旧くからの職員が退いて新しい職員がこれを補充するのである。この時期ともなれば図書館は読者においても、蔵書においても職員においても、その数は天井をついたということができるであろう。しかしなお図書館の弘報活動は、これを弛《ゆる》めることはできない。なぜならば、旧い読者にかわって新しい読者を獲得しなければならないからである。旧い書物を廃棄して、新しい書物と差しかえなければならないからである。新しい図書の選択・購入が行われるならば、書架配列の仕事もこれにともなって生ずるわけである。しかし図書館の建築は、拡張する必要はなくなるであろう。学校図書館・実業図書館は比較的に早くこの時期に達するであろうが、大学図書館・公共図書館では、すでに述べたように数十年あるいは百年以上を要するものがあるかも知れない。だが都市の図書分館なり、農村の図書館組織網に属する図書館は、時期的に成年期に成長するのは、わりあいに時間的に久しくかからないと見るべきであろう。

中央の**国立国民図書館**は、その蔵書の数において制限されることはない。それは常に児童期の成長をつづけるのであって、成人期に達するという時期は来ないであろう。したがって建物について特別な考慮が払われなければならない。できれば主要な建物を都心から都外に移すとか、あるいは疎開図書を別置する書庫を特別にもつ必要が起こるであろう。また危険なばあいに貴重図書を保管するために、特別な施設をつくる必要に迫られるかも知れない。さらに主要な日刊新聞の製本したものを置く場所を考えなければならないかも知れない。

われわれは成長していく図書館の問題には、いろいろと複雑なもののあることを知っておかなければならない。

以上はランガナタンの『図書館学の五法則』を、できるだけ原著者のことばをもって解説したものである。著者はさきにも述べておいたように、図書館の対外活動は図書館の神髄に徹して、はじめてそれが可能であることを信ずるものである。そのために、このことを敢えてしたわけである。もし原著者の真意を謬《あやま》り少なく伝えることができているならば、まことに幸福である。

1　図書館の対外活動とは何か

I　対外活動の意義

われわれが図書館の対外活動というばあいに、それぞれの国の図書館事情によって、それぞれちがった解釈を下すことができる。また図書館の種類によって、対外活動の分野にも広い狭いがある。一般に図書館の対外活動といえば、「公共図書館の伸展と弘報活動」(public library extension and publicity) を意味するかのように解釈せられるのであるけれども、図書館の対外活動は公共図書館に限られるのではなく、あらゆる種類の図書館が――学校図書館であろうと大学図書館であろうと、特殊専門図書館であろうと、それぞれ可能な範囲で、また可能な程度で、これを実践することをはばむものではない。図書館のもつ図書館資料を必要とする人びとに、より広く提供することにより、より多くの満足を得て図書館の勢力を拡張することが図書館の対外活動である。すなわち図書館奉仕の伸展であって、これを成就するために適当な方法を発見し、これを推進していくことである。ただ公共図書館のばあいには、その機会が他の種類の図書館とくらべて多く、その分野が広いからとくに言われるまでである。

もっとも粗朴《そぼく》なかたちをもった図書館というのは、ウェブスターが定義しているように、「売買を目的としてではなく、利用のために収集された図書に充当させられる室 (apartment) または建物をいうのであって、それらの集書を保管し貸出し管理する施設」なのである。だからこれらの集書を一般の利用に供し、共同の支配と支持とによるものが一般に言う公共図書館なのである。[1]しかし図書館を支配し支持するものは、図書館の種類によって根本的にちがっている。どんな種類の図書館であろうと、それが完全に一般公衆を対象として開放されているものであるならば、それを公共図書館と考えてよいのである。**成人**のための公共図書館、**児童**のための公共図書館、**盲人**のための公共図書館があるべきである。われわれは図書館の利用と奉仕とを基準として図書館の種類を決定し、その内部で行われている図書館の実体を判定するのである。

われわれは一般公衆が消極的に図書館を利用していることをもって、図書館奉仕が行われているという事実を認めることを躊躇《ちゅうちょ》する。いわんやこれを図書館活動とよぶことはできない。図書館はただ「存在」するというだけでは無意味である。それがすべての人びとに開放されているというだけでも満足できない。たしかに図書館は、利用したいと思う人びとによって利用されているであろう。また図書館を利用しない人たちは、利用する必要を感じないからであり、利用しようという欲望をもたないからであると言われるかも知れない。われわれはこの説明によって自己満足を感じ、涼しい顔をして済ましてよいものであろうか。図書館運動に関心をもち、あるいはこれに多少なりとも関係があり、さらに図書館奉仕に挺身するものにとっては、図書館が人間生活にマキシマムな奉仕を提供することが一番だいじな理想であると考え、一途にその方向に驀進《ばくしん》することを使命と心がけるのは

1　図書館法　第二条　この法律において「図書館」とは、図書、記録その他必要な資料を収集し、整理し、保存して、一般公衆の利用に供し、その教養、調査研究、レクリエーション等に資することを目的とする施設で、地方公共団体、［昭和二十七年改正後は「日本赤十字社」を追加、］又は民法（明治二十九年法律第八十九号）第三十四条の法人が設置するもの［平成二十年改正後は「一般社団法人若しくは一般財団法人が設置するもの」］（学校に附属する図書館又は図書室を除く。）をいう。

明らかである。われわれは図書館を利用することのできるすべての男と女とが、図書館の提供する一切の便宜によって、何らかの方法でその利益をじゅうぶんに、かつ豊かに享《う》ける時のいよいよ近づくことを待望しているのである。

多くの人びとは、誰でも図書館が存在していることは知っているし、また図書館がどんな奉仕をすることができるかを、百も承知していると考える傾向がある。ところが案外これは事実と反対である。いく年もいく年も図書館を利用しておりながら、人びとは図書館の組織や設備が、彼らの想像している以上に複雑で広汎なのに驚くものがいる。またそれらの人びとが利用しているのは、図書館資料のほんの一部であって、そのほかにどんな資料があるかをほとんど知らないのである。だから図書館に関してじゅうぶんな、そして正確な、また広い知識を与えることをしないでいて、図書館を利用しない人びとを目して、かれらが図書館に冷淡であると断定することは危険である。

つぎにわれわれは、ともすれば図書館を現実に利用していない人びとの大部分は、実際は図書館を利用しなければならない人たちであると想像することがある。これもまた間違いである。強制的に**改宗**させるということは、いついかなるばあいといえども悪である。あらゆる図書館に共通する図書館の性質なるものは、それが常にすべての人びとに対して自由であり、強制をしないという点にある。図書館の利用は、いつでも意のままに出はいりができるということであり、図書館奉仕はいつでも個人的である。われわれは図書館が何らかの必要と目的とに適応するのでなければ、図書館の利用を多くの人びとに納得させることはできない。またわれわれの仕事は図書館の必要を、人びとのあいだに**創造**することにあるのでもない。しかし、われわれが声を高くして誰でも図書館を利用しなければならないと叫ぶゆえんは、誰でもが抱いている要求を、図書館が満足させることができるということをじゅうぶんに知悉《ちしつ》しているからである。彼らの抱いている要求というのは、図書館資料と関係のあるものであって、それ以外の何ものでもない。

このように考えて対外活動の目的は、その内容から見て、二つにわけることができると思う。その一つは（A）図書館の勢力（influence）を奉仕の中心拠点（service center）に限ることなく、広く館外に伸展させ、積極的に地域社会の全般にわたり、住民のひとりびとりに呼びかけ、図書館資料を提供して図書館奉仕を実践する活動であり、他の一つは（B）図書館そのもの――その任務・事業・資料等の一切について一般に弘報して周知させ、図書館に対する地域社会の認識をふかめる活動であるということができよう。すなわち一般の公衆に、（い）図書館のもつ設備の限界、（ろ）図書館奉仕の範囲、（は）図書館を利用するもっともよい方法を会得させ、（に）図書館資料の機能を遺憾《いかん》なく発揮させるように指導することである。別言すれば対外活動のねらいは地域社会の人びとに対して、（a）彼らのひとりびとりに図書館は何をなし得るか、（b）図書館資料は彼らにどんなに役立つかを表示することである。したがって図書館の対外活動は、厳密にいって「事実に基づく訴求」でなければならない。図書館みずからがよき実体を備え、その実体を一般公衆に知らせることが対外活動の根本的要素である。

Ⅱ　対外活動は新しいものではない

図書館の対外活動ということばは、まったく新しいものである。著者の理解するところで誤りがなければ、「図書館法施行規則」（昭和二十五年九月六日、文部省令第二七号）において、図書館における専門職員である司書が、その資格を取得するために修習する科目として掲げられたものが最初であると思う。その理由は、司書は自己の責任と判断とによって「館外奉仕の計画を立案」し、「広報宣伝」に従事し、そのために必要な「基礎（社会）

調査の立案と実施」、「(図書) 館の総合運営計画の立案」はもとより、「図書館奉仕のために」図書館法第三条第四号以下に規定されている事項を処理することが、その職務内容となっているからである。[2]

これによっても分かるように、図書館は対外活動を通じて、図書館が日常行っている奉仕活動を同種の関係ある方面に延長し、一そう多くの人びとにこれを及ぼし、国民全体がひとりとして図書館奉仕に洩れることのないような方法を考案し、これを完成に導くようにしなければならないのである。図書館の建物が地域社会の中心にあるからといって――とくに府県庁所在地のばあいに――その特定の土地に住む特定の人びとや、学生生徒たちだけに奉仕する機関であるのではない。地域社会の人びとの税金によって建設され、維持され運営されている図書館は、その地域社会の全大衆に奉仕するのが本体であって、一部に奉仕するのにあるのではない。しかし地域社会の一般公衆が自覚し意識して、積極的に図書館を利用するようになることを望むのは、現在のわが国としてはなお多くの困難を伴うことは否定できない。そこで図書館みずからが、その壁をつき破って地域社会に進出し、人びとの生活中心に喰いこみ、いろいろな情報や資料を提供して奉仕する必要がある。こうしてはじめて、いわゆる動く図書館と呼ばれるゆえんであり、それが図書館の大きな使命であり、対外活動の神髄でもある。

しかしながら図書館の対外活動は、図書館資料を通じての単なる図書館奉仕の「延長」または「伸長」――prolongation――にとどまってはならない。「延長」とか「伸長」とかいうときに、そこには何か直線的な感

2　司書および司書補職務内容（昭和二十五年九月文社施第三七〇号文部政務次官通牒）図書館法　第三条第四号：他の図書館、国立国会図書館、地方公共団体の議会に附置する図書室及び学校に附属する図書館又は図書室と緊密に連絡し、協力し、図書館資料の相互貸借を行うこと。第五号：分館、閲覧所、配本所を設置し、及び自動車文庫、貸出文庫の巡回を行うこと。第六号：読書会、研究会、鑑賞会、映写会、資料展示会等を主催し、及びその奨励を行うこと。第七号：時事に関する情報及び参考資料を紹介し、及び提供すること。第八号［平成二十年改正後は第九号］：学校、博物館、公民館、研究所等と緊密に連絡し、協力すること。

じと臭いのただようことを拒むことができない。図書館の対外活動は飽くまでも、図書館のもつ欠くことのできない特異性を強化し拡大し、伸展させるものでなければならない。大学の公開講座（University extension）というのは、大学の講義が象牙の塔から出て、ほかの場所で開かれているというだけではなく、大学のもつ学問的な香りがそこに移されて、ほのぼのとこれをつつむような雰囲気がかもし出されなければならない。それと同じように図書館の対外活動は、図書館奉仕の拡張（enlargement）であり、図書館の進展（expansion）なのである。

図書館の対外活動は、最近のものであることは誰しも承認しなければならないが、対外活動の事実は小規模ながら主として間接的に、また非計画的に無意識に、地方的に不規則に、出たとこ勝負で、わが国でも行われていたことを忘れてはならない。ただアメリカやイギリスのように、それが例外的でなく、原則とするまでに至らなかったのである。それというのは（a）図書館の**財政**がじゅうぶんでなかったため、当面の急に応ずるのに忙しくして館内閲覧だけに追いまくられ、それ以外のことに手も足も出なかったためである。（b）さらに一般にいって図書館の空気が**保守的**であって、悪くいえば官僚気質のこりこりが巣をつくっていて、図書館の弘報・宣伝をするがごときことは、尊敬すべき紳士（?）の屑《いさぎよ》しとしなかったせいもある。なおその上に（c）過去の図書館専門職員は、その時間の大部分を**図書館技術**——図書館組織や図書館管理の技術、あるいは分類・目録に没頭せざるを得なかったため、図書館の使徒としてミッショナリーの仕事に精魂をうちこむことができなかったのである。ようやく今となって先覚《せんかく》の開拓者の苦心が実を結び、技術的方法の基礎も安定に近づいたようでもあるし、財政的余裕はまだまだじゅうぶんでないにしても、図書館が「手段」から「目的」に、技術の研究から理想の実理へと転換する時期に達したと言うことができるのではなかろうか。

Ⅲ　弘報活動——そのプロローグ

ここにひと言だけ、図書館の弘報・宣伝について触れておきたい。前にも述べたように、今でも図書館の弘報については極端に好まない人たちが多くいるが、その理由がわからないわけでもない。それは現在の商業広告が、悪どい激しい競争に熱中するだけで、消費者には一向に利益とならないことから来たものと思う。弘報は事実をありのままに知らせるインフォメーションであり、宣伝は「ある何ものかを伝えひろげること」、すなわちカトリック教では伝道の意である。今日の商業広告の多くは、われわれに新しい知識を提供してくれるものはほとんどないといってよい。ただあるものは、じぶんの商品が競争相手にうちかち、消費者の選択するところとなることの願望だけである。

郊外電車の沿線には、たくさんの日本酒の大きな広告看板が立っているのを見うける。これらの広告は禁酒主義者を改宗せしめることを目的とするものでもなく、ビール党をじぶんの陣営に転向させることをねらいとするものでもない。ある一つの商標をもつ清酒が他の商品よりもより深く強く印象づけられて、酒屋に注文されるときにそれが記憶されておればよいだけである。しかもその巨額の広告費は、すべて消費者の負担なのである。ところが近ごろになって、消費者に奉仕することを主たる——唯一のではないまでも——目的とする、いわゆる弘報的広告（informative advertising）がふえてきたことも事実である。例えば交通公社が観光・遊覧・修学旅行のために用意している案内書や時間表、または良心的な商社が編集した商品の内容・性能・構造等を説明した解説書などは、どんなに極端な宣伝ぎらいの反対論者といえども、むげにこれを排斥するとは想像されない。

図書館は同種の他の公私の団体・施設・機関と、競争状態にあるものではない。むしろそれらの団体や機関や施設と協力し、協調する友好関係にあるものである。したがって図書館の弘報は「真実の原則」に基づけばよいのであり、図書館の宣伝は一般公衆への奉仕をねらいとして、最大の効果を収めることである。もし図書館活動が社会の理解と支持とをうけるに足りるだけの奉仕をなし、それが愉しい立派なものであるばかりでなく、効果のあることが明瞭《めいりょう》であるならば、それを拡張し増大するためのくふうに頭脳を絞《しぼ》ることは当然の責任であるだろう。地域社会にある住民の一〇%の人びとにとって、図書館奉仕が望ましいものであるとするならば、さらにそれを二〇%ないし五〇%の住民にも及ぼそうと努力することは、図書館にとっては至当の義務である。

ひとりの正直な商人がもっともよい商品を店頭にならべ、公正な価格でこれをお得意さまに売って満足してもらったところで、ただそれだけでは、その商人は商売繁昌のために努力しているとは言われないであろう。よい品物を廉《やす》い値段で多量に売り出して——薄利多売《はくりたばい》——それによって収入の増加を意図するようにしなければ、その商人は意識的に事業の拡張に従事しているとは考えられない。図書館の対外活動も同じことである。図書館が「最もよい読みもの」を備えていても、それを「最も多くの人びとに」奉仕することができず「最も少ない費用で」効果をあげることができなければ、図書館の対外活動はじゅうぶんな機能をあげたとはいわれないであろう。[3]

Ⅳ　対外活動のプログラム

われわれが図書館の対外活動に期待する究極の目的は、全世界を通じてすべての国ぐににおいて、適正な図書

3　アメリカ図書館協会の標語にいう、The best reading for the largest number, at the least cost.

館奉仕の利益をうけたいと希望する人びとが、これをエンジョイすることができるということである。この世界的ユネスコ的理想が実現するためには、それぞれの国によって時間的には長短がある。すなわちある国では図書館運動が早く着手され出発しているために、図書館が国民によってじゅうぶんに利用され、図書館資料が彼らの生活に融けこんでいる。それは彼らの教育と社会事情とが、ある標準に達しているからであって、この標準に達していない国の図書館奉仕は遅れざるを得ない。したがって図書館の対外活動の方針は世界各国を通じて、どこにでも共通するようなものがたった一つあるというのではなく、それぞれの国において最も適当した計画をたて、それによって実行すべきである。このことは現在そうであるように、近い将来においてもまた然りということができるであろう。

ひるがえってわが国の図書館奉仕の現状と、国民の生活状態とをあわせて考えると、われわれは対外活動の前途に多くの困難が予想され、悲観的材料の横たわっていることを否定し難い。

更《あらた》めていうまでもなくわが国の図書館奉仕は、開架制を採用するところが多くなったとは言え、なお読書室を中心とする館内の閲覧貸出が多くの比重を占めている。近ごろ図書館建築がしきりに伝えられているのは、一方には戦災によって失われたものを復興し、失地回復によってかつての夢を再現し、ノスタルジアを満足させたいという思惑もあろう。また他方には、新しくクローズアップされた視聴覚資料とタイアップして、新しい感覚を盛りこみたいという野心を抱くこともあろう。いずれにせよ図書館政策が依然として館内貸出中心であって、図書館奉仕に多くの変化を来したと見ることはできない。とくに都市では多くのばあいに、公共図書館の奉仕の中心（service center）が一個所であるため、多くの利用者に時間的にも、時には経済的にも、多くの不便と不利益とを与えていることは疑う余地はない。

このような図書館奉仕の実体からみて、過去八十年余にわたるわが国の図書館運動の成果にかかわらず、わが国の図書館が比較的時間のゆとりのある有閑人や、学生生徒のために占有され、しかも試験期が近づくと、寒風に吹かれながら館外に佇立するものをみうけるのである。そして勤労者や主婦は、図書館とは縁なさ衆生なのである。学校図書館が盛んとなったといわれる現在でも、この現象はつづいているのである。ところがイギリスやアメリカには、日本の館内貸出に相当する図書館用語が見当たらないといわれている。[4] これは喜んでよいのか、悲しんでよいのかわからない。いわんや自慢のできるものではあるまい。

著者はしばしば、アメリカ文化センターに行く機会をもつものであるが、そこには静粛そのものがある。少なくとも日本の図書館に見られるような、人いきれのムッとするような読書室や、人びとが廊下を右往左往して、盛り場を彷彿させるような光景は見られない。一つには、そこの蔵書構成が大部分英書であるため、利用者の種類や範囲が限定されるのであろうけれども、正規の登録者にはふつう二週間をかぎり、図書の館外帯出(circulation)が許され、自宅で心ゆくまで自由に利用できる(home use of books)からであると思う。しかもその図書は、必要に応じて借用期間を更新して(renewal)延長することができるのである。われわれの観察するところによれば、近代図書館が伝統的図書館とちがう点は、図書館奉仕が(A)**開架制**と(B)**館外帯出制**とを二つの支柱として運営されているということである。もしそうであるとするならば、日本の図書館はここにもまず偶像破壊が行われなければならないと、著者は確信する。

こう考えてくると、図書館の対外活動は主として図書館組織の問題であり、国と地方公共団体の政治に関係ある問題であり、延いては立法と行政の問題である。すなわち公の奉仕機関としての図書館——学校・警察・上下水道などもまた公の奉仕機関である——の発達に責任ある人びとの問題なのである。それと同時に、図書館の対

4　南論造　図書運用法　蘭書房　昭和三十年　144頁

外活動を現実の問題としてとりあげるばあいに、どのような方法を講じたならば、図書館奉仕をより多くの人びとに及ぼすことができるかを考えることが図書館当事者——図書館専門職員の課題となるのである。すなわち図書館の対外活動は（い）まず図書館みずからよい実体を備えること、言いかえるならば図書館政策と図書館奉仕の**自己改善**を企画し、これと併行して（ろ）これまで図書館を利用していない潜在的読者、図書館を利用する機会に乏しい人びとに、**図書館奉仕を進展**させる方策を講じ、これに基づいて（は）図書館について図書館資料について、図書館奉仕について広く**知らせること**が企画されなければならない。つまり図書館の対外活動は、「自己改善への努力」を出発点として、「弘報活動の企画」をもって終わるものということができよう。

　ことさらに言うまでもなく図書館の対外活動は、継続的であるとともに計画的でなければ、その効果をおさめることができない。公の費用をもって行われる図書館の対外活動が図書館職員の一時的な「気まぐれ」や、「思いつき」や「みえ」や「ゆきあたりばったり」や、線香花火式で、あとは野となれ山となれといった「ハッタリ」は許されない。したがって対外活動に従事する以前に、継続の可能性があるかどうかを慎重に検討し、基本計画を立てたのちに実行計画に移す必要がある。

　なお図書館の対外活動は、ただ新しい読者を図書館にひき寄せるだけではない。それは対外活動の機能の一面を示しているに過ぎない。図書館の対外活動は同時に現在の読者が、図書館の施設をよりじゅうぶんに、より聡明《そうめい》に利用することにより、より多くの利益を享けることの援助でなければならない。これは忘れてはならないだいじなことである。図書館の対外活動は、エキステンシヴであると同時にインテンシヴでなければならない。量的であると同時に質的でなければならない。新しい読者が増加するならば、より以上の図書館奉仕が現実の読者に提供されなければならない。もし何らかの理由で図書館が、現在のお客さんたちに正当な奉仕をしていないで、つぎからつぎへと新しい読者が増してきたとしたら、図書館奉仕の事態はますます混雑し悪化するばかりである。商品を広告したけれども供給が間にあわないとなれば、顧客の不平は爆発して収拾することの困難を感ずるであろう。家を整えてからのちに客を招くべきである。新しい読者を満足させるだけの図書館奉仕が用意されるまでは、彼らを図書館に誘うような、どんな種類の対外活動でも、これを計画してはならない。どんなにうまいことを言ったところで、それに真実の裏づけがなく、本当のすがたが表現されているのでなければ、対外活動は空まわりをするだけである。図書館の対外活動と図書館奉仕とは、つねに平行して相互的に、由《よ》って生ずる結果を予想しながら、バランスをとって進行せしむべきである。

V 対外活動の特性

図書館の対外活動は図書館奉仕を充実し、これと併行して伸展させ、ひとりでも多くの利用者に利益をうけさせることである。それならば**図書館奉仕**とは何か。定義づけということはむずかしいばかりで、面白くないことではあるが、著者は一応

図書館奉仕とは、図書館が国民の信託により、国民の福利と進歩とを援助するために、地域社会の人びとの必要とする資料を、国民に代わって、継続的に計画的に、かつ建設的に規則正しく供給する、社会的・教育的・知的活動である

と言いたいのである。すなわち図書館が一般公衆の利益に合致し、歓迎されるような政策をもち、かつ行動することである。そしてそれらの政策と行動とをみずからの環境に一致適合させ、これを一般に広く正しく知らせることにより、一般公衆の善意と理解とを増し、信頼と協力を得るのが図書館の対外活動の理念である。

そこで対外活動の特性は何であるかと考えると、まず第一に、対外活動は図書館の**義務**であるということである。むろん図書館の種類により、あるいは図書館の規模により、もしくは図書館の設立者により、対外活動をとりあげるか、とりあげないかは図書館当事者の任意である。小さな町村の図書館、小さな学校図書館（大学をふくめて）、企業会社に所属する実業図書館（Business library）などは、きわだった対外活動と称するものを必要としないかも知れない。それにもかかわらず著者は、何らかの意味で、その程度と範囲とは別として、対外活動の重要性と必要性とを堅持するものである。なかにはまた、対外活動の必要なことを百も承知しておりながら、何らかの理由から、ことさらこれをとりあげないという図書館もありうる。

しかし、民主主義社会における公共の図書館にあっては、国民はすべて「読む権利」をもち、図書館はまた「読ませる義務」を負うているのである。人間は読む動物（Reading animal）なのである。われわれは「読む」ことによって個人として国民として成長し、図書館はまた「読ませる」ことによって厳粛な国民の「信託」に応えることができるのである。われわれは健康にして文化的生活を向上発展させるために、公衆の機関と、その利益をうけるものとは、お互いに協力して相互扶助につとめているのである。

図書館は国民に生命を与えるための血液――図書館資料――を送り出す心臓である。対外活動という動脈を通じて、血液を国民全体の血管にくまなく行きわたらせ、図書館奉仕についてのいろいろな反響をつかんで、また静脈を通じて心臓にかえってくる。ここで公衆の意見や態度を評価し、是正・判断という浄化作用をうけて再び動脈に流すのである。この一連の循環作用――心臓から動脈へ、静脈から心臓へのはたらきが健全で、血行が少しも停頓しないで、スムースに正当に循環しておれば、図書館奉仕が正常に行われているということになるのである。

民主主義社会においては、国民はすべて「知る権利」をもつものである。民主主義のもとにおいては政治であれ企業であれ、公共の機関であれ、すべてガラス張りのなかでその運営が行われていなければならない。図書館が社会的教育的機関として社会に存在し、しかも繁栄するためには、社会の理解と支持とを得ることが欠くことのできない条件である。ところが地域社会の住民の多くは、前にも述べたように、図書館の実体について知るところが少ないのである。間接に彼らに利益するところがあっても、直接の図書館利用者はあまり多くないのである、図書館の対外活動はこれらの非利用者をめざすものであって、もし彼らが欲するならば、図書館は何を彼らに提供することができるかを告げ知らせることである。それは図書館の「義務」である。

地域社会の住民の多くは、その支払う税金が何に使われているかをほとんど知らないのである。かりにその税金のほんのわずかな部分が、図書館を支持するために支出されているのだと、おぼろげながらに感知していたところで、それは大して意義のあるものとは言えない。彼らは図書館とその事業とについて、完全な情報をうける「権利」をもつものなのである。そのうえ個人として、これを利用するために援助の方法が講ぜられなければならない。

地域社会の住民は、図書館という一つの社会のメンバーであるということができよう。これらのメンバーに対して、これまで封建的であった図書館が、その神秘なヴェールをかなぐりすてて、図書館活動について常に住民と密接な接触を保つ方法が講ぜられないならば、図書館職員は、そして図書館協議会の委員たちは、その「義務」をじゅうぶんに果たしていないという批難に値するであろう。カーテンの蔭で行われているものは独善である。対外活動によって図書館の政策・目的・規則・構成が広く知らされるのでなければ、再び人びとを駆って専制と独裁の世界に追いやることになる。一般公衆の理解を得て図書館に信用が与えられ、一般公衆の支持をうけて図書館の存在が許され、図書館の発展が期待できるのである。

対外活動の第二の特性は、その対象を常に**全体**に置かなければならないということである。図書館は地域社会の全体に奉仕する社会的教育的機関であって、一部に奉仕するものでないことは前にも述べた。図書館の職員は全体の奉仕者である。たとえ私立図書館の職員であっても、公共の福利に奉仕するということにおいては、公僕であるということにはかわりはない。税金・入館料その他を支払うと否とは問題でなく、図書館を支持するものは地域社会の住民であり、国民なのである。その住民といい国民というも、特別な階級をつくっている国民でもなければ、特定のグループに属する住民でもない。図書館の開かれた門は、年齢はもとより人種・信条・性別・社会的身分または門地によって差別されることはない。

しかし図書館の対象となる一般公衆は、単一なる公衆ではない。その容貌がちがっているように、多種多様の公衆なのである。一般公衆は、いろいろとちがった要求をもち、いろいろとちがった利害関係をもつものである。対外活動によって図書館政策なり、図書館奉仕の自己改善を企画するといっても、ほんとうに地域社会の要求に適合させるためには、図書館は住民のひとりびとりの要求を考えなければならないにちがいない。それはおよそ不可能なことである。しぜん共通の一致点を見出し、共通の利害関係をもつものをグループとして、これを目標に対外活動のテーマや方法を考えることが適当であり、また賢いやり方であろう。したがって図書館の対外活動は、そのテーマ——例えば**読書会**とか、**童話会**とか——によって重点が置かれ、それを中心にグループを選ぶことがある。しかしそのグループに属するかぎり、すべての国民、すべての住民を対象として考えなければならない。

地域社会の全体に奉仕する図書館職員は、対外活動に当たって不偏不覚で、中立性を堅持しなければならない。いかなるばあいでも一党一派の活動に捲《ま》きこまれたり、その仲間になったり、他人の感情をそこなったりすることは避けなければならない。むろんこのようなことは万一にも起ころうとは考えられないけれども、図書館職員も人間であるかぎり、その危険性はある。例えば——図書館は無料です、どなたにも書物をお貸しいたします——だけなら無難であるのだが、そのうえに——それなのに、なぜあなたは本屋さんから書物を買うのですか——ときたら、たとえそれが無害のものであろうと、明らかに商業上の利害関係をもつこととなる。

同じように勤労階級の人たちに、オデン屋やビヤホールに行くかわりに、図書館にお出なさいとか、映画をみに行くよりも、炬燵《こたつ》にあたって小説を読んだほうがましですよとか、ラジオを聴くよりも、本を読むほうが為になりますよとかいうのは、不必要な冗語である。民主主義は個人の人格を尊重し、その自由な判断と行動とを承認するものである。

Ⅵ　対外活動の品位と新味

われわれはとかく効果を急ぐ結果として、目的のためには手段を選ばないという誘惑にかかりやすいものである。図書館の対外活動を弘報という面から考えてみると、「知らせる」という点では民間の商業広告と同一目的をもつものである。われわれは広告技術については民間の経験者からも大いに学ばなければならないが、すでに述べたように悪どい世間の広告が識者の反感とひんしゅくとを買うことが多い事実から、図書館の弘報にはその表現なり、表現の内容を特別に考えなければならない。常に品位のある、風格を備えたものでなければならない。「品位のある」とか「風格を備えたもの」というと、その定義がなかなかむずかしい。それはたしかに「威厳」とか「尊厳」などと言うことばと同じ「きびしさ」や、「冷たさ」を意味するものでなく、「ツン」と取りすました傲岸《ごうがん》でもない。といって知性を鼻のさきにぶらさげたのでは、悪趣味といわなければならない。「卒直」で「淡泊」で、しかも「解りやすく」、必要とあらばユーモアを加えることも望ましい。だからといって「安っぽい」ということは、「つまらない」ということである。とくに不快な感情をそそるような表現は、極力これを避けなければならない。

たとえば他の図書館あるいは別の教育機関と、じぶんの図書館とを直接比較することは、時には自尊心を喚起《かんき》して、自己活動の評価となるものではあるけれども、じぶんの図書館にとって不利益なばあいを除いて、それをしないほうが安全である。とくにある図書館とその名前を明示して、その館よりも「わが館」のほうが利用率が多いなどと言うに至っては沙汰《さた》の限りである。むろんこのような非常識な図書館弘報や宣伝があろうとは思わないが、附近の「市」「町」「村」の図書館とくらべてといった曖昧な言いまわし方でも、明らかにその暗示された図書館が何であるかが、読者にハッキリと映像されるような表現も悪である。比較するばあいには、できるだけボカして、同一程度の住民をもつ都市・町村との比較ならば（実際の名まえがつかまえられないような）害は少ないかも知れない。一番よい比較の方法は、自館の過去の業績とであるが、これも図書館長その他の首脳部が交迭《こうてつ》しているときには、前任者の非をあげつらうことのないように、よほど慎重でなければなるまい。

図書館はその各部門において、常に新鮮（up-to-date）でなければならないと言われている。その蔵書においても管理の方法においても、奉仕の手続きにおいても絶えず尖端をきって、最新式のものであることが要求されている。図書館の対外活動にあっても、旧套墨守《きゅう・とうぼくしゅ》は許されない。しかし、いうところの「新鮮さ」とは何か。あるばあいには、ある方面では旧套墨守が必ずしも、最も新しい尖端的なものよりも悪いとはいわれないのではないか。黄金時代はいつも過去の時代にある。

著者は――卒直に語ることを許していただきたい――これまで刊行されたいろいろの図書館の「歴史」、「要覧（一覧）」、「年報」、「館報」（月刊その他）のうちには、事実の誤りはないにしても、内容が均衡《きんこう》を失していたり、叙述が生硬《せいこう》であったり、印刷が鮮明を欠いていたり、用紙が粗悪なものを時に見うけるのである。およそこれらの欠陥は、その図書館にまつわるもろもろの事情から生ずる「避けがたい悪」と著者は理解するのであるが、門外の人（layman）は果たして著者と同じような理解をもって、これらの図書館刊行物を受取るかどうか。あるいはこれらのものを通じて図書館それ自体が、その方法において「ドロ臭い」不快なものであり、乱雑旧式なものであるという「印象」を受けることはないであろうか。

対外活動の要諦《ようてい》は、ひとり図書館について――図書館の政策と奉仕とについて、正確なインフォメーションを伝えることにあるばかりではない。同時にそのアピール（訴求）する人びとの心に、ある「印象」をつくることである。弘報ということは、ほかのすべてのことと同じように時代的の様式――型がある。これと合致するのでなければ、多くの人びとから時代おくれと批評されるのである。時代感覚と没交渉であるとか、スロー・モーションであるとか、保守的で役にたたないとか、あらゆる種類の悪名が投げかけられるのである。もしわれわれが読者最近の活動とテンポを一にし、図書館活動に真の近代的観念と感覚とを盛ることを欲するならば、対外活動の内容にも外形にも、これを実証する方法を講じなければならない。これはさきに述べた対外活動の品位を保つことと、決して矛盾するものでないと信ずる。

現代は弘報と宣伝の世界である。それは到るところで火花を散らして行われ、ひたすら他よりも優位にたつことに大童《おおわらわ》である。われわれはその道の専門家とも競争しなければならない。すなわち（い）われわれの訴求するところのものを最も適正に、かつ最も巧妙に練達した方法で伝えることをしなければ、われわれの仕事は効果を欠き、顧みられることなく、忘れられてしまうであろう。（ろ）一般公衆の判断は常に公正である。技術的に美事なものには釣りこまれるが、素人くさいものには目を背けるであろう。（は）しかし、われわれは広く他の弘報・宣伝を研究し、どのような対外活動を実行したならば、われわれの必要にふさわしいアイディアをみつけることができるかを、じぶんでくふうするようになるであろう。

Ⅶ　対外活動の種類

図書館の対外活動は、図書館の勢力（influence）を外部に（library without the walls）進展させることである。図書館は現在の必要に応じ得るというだけで、満足してはならない。図書館がある程度の制限をうけることはやむを得ないことであるが、その制限内においても、図書館資料が分量において、いかに豊かなものであるか、いかにヴァラエティに富むものであるか、またいかに範囲の広いものであるかというデモンストレーションを行うべきであり、人びとをしてこれら資料の利用を奨励すべきである。

対外活動の計画は、その図書館の現状と、その対象となる地域社会の状況とを考慮にいれて、もっともよい方法を講ずべきである。しかし過去の経験の教えるところは、どのように対外活動を発展させたならば、それが最も経済的で最も建設的で、かつ最も効果的であるかを明らかにしている。対外活動の組織にしても管理にしても、またその方法にしても技術にしても、もともと図書館の本質的目的は同一であるのであるから、一つの図書館の対外活動と他の図書館のそれとのあいだに、雲泥《うんでい》の相違などのありようわけはない。ある図書館がとり上げて実行している対外活動と、他の図書館が実践することを躊躇しているものとは、詮ずるところ、それぞれの図書館のもつ条件が最後の選択をなし、これを決定したものと見るべきである。図書館の対外活動には基本的類型があり、それがいろいろの実情に即応して、つぎからつぎへ無数の変化を生ぜしめたものと考えるべきであろう。

A　求心的対外活動

対外活動の第一群は、図書館の建物なり館内の諸施設を中心として、図書館の基礎的常務——図書の閲覧（参考事務）・貸出の一部ではなく、対外活動それ自体が価値をもち奉仕するものであって、それ自体の機能をじゅうぶんに果たし得るものである。あるいは館内活動もしくは**集会活動**、ないし間接的対外活動ということができるかも知れない。しかし決して二義的効果を目的とするものではないので、間接的といったのでは満足な申し分のない語感を伴うとはいわれない。いずれにせよそれらの活動は、普通の方法では図書館の直接利用を必要としない人びとに訴えるものであって、このような活動を通じて、やがては人びとを図書館に導き、その施設を利用させて、図書館のもっともよいお客さんとすることになるであろう。

つぎにその主なるものをかかげる。

1　読書会
2　講演会
3　研究会　討論会
4　講習会　講座
5　音楽会　レコード・コンサート
6　映画会　幻灯会　紙芝居　人形劇
7　展示会　展覧会
8　読書相談室の設置

B　遠心的対外活動

　第二のグループに属する対外活動は、ふだん図書館を利用することの困難な人びとに対し、図書館そのものが建物の外に出動して、積極的に図書館資料や図書館奉仕を提供することである。このような活動は、動く図書館として本質的な使命を果たすものということができよう。これらの活動を推進する場としては、図書館の分身と見らるべき**分館**（branch）・**準分館**（sub-branch）・**停本所**・**閲覧所**（deposit station）**配本所**・（delivery station）はもとより、地域社会の学校・公民館・他の図書館または図書室・クラブ・工場・銀行会社・警察・消防署・労働組合・セッツルメントなどの社会的教育的機関の建物を利用し、あるいは私人の邸宅を便宜使用させてもらうことによって、できるだけ図書館の奉仕拠点（service points）をふやすことと、貸出文庫・巡回文庫・自動車文庫などを活発にすることである。

　この機会にひと言ことわっておきたいことは、図書館の対外活動と関連して、児童に対する図書館奉仕や、学級文庫の編成についても、イギリスやアメリカの図書館学者のうちには論じている向きもあるが、著者は、それらは「児童図書館」・「学校図書館」および「学校教育と公共図書館」などの領域において、それぞれ公共図書館とのつながりや、図書館奉仕の一部門として、これを取り上げることを妥当とするものである。また特殊な状態に置かれている特殊な読者、すなわち病院・刑務所にあるもの、ならびに盲人に対する図書館奉仕は、図書館の対外活動の重要な、しかも正当な役割であることを承認するものであるが、それらについては不満足ながら、著者の『特殊図書館』に述べておいたから、ここには触れないでおく。なお兵隊（自衛隊）・水夫・航空士・商船乗組員・灯台守に対する図書館奉仕は、わが国ではこれから大きな課題となるであろう。

そこで第二群の図書館の遠心的対外活動のうちにはつぎのものがあげられるであろう。

1 分館 準分館
2 停本所 閲覧所 配本所
3 臨海図書館 林間図書館
4 貸出文庫 巡回文庫
5 自動［車］文庫（bookmobile）

C 弘報手段による対外活動

これまで図書館活動の振るわなかった原因の一つは、たびたびくりかえして述べているように、図書館の経費が適正（adequate）であるどころか、生命線すれすれか、あるいはそれ以下であったため、図書館の組識も機構も不備で、対外活動をするだけの余裕もなく、かつ優秀な職員を迎えることもできず、また図書館の職員各自の自覚と努力とが欠乏していたことが挙げられる。もう一つの原因は、図書館の実体を地域社会の人びとに紹介し、その活動内容が地域社会の文化的向上に役立つことを理解させ、その協力と支持とをうることを忘れていたためといえるであろう。図書館自身の独善的態度が、一般公衆の不感性をみちびいたといっても過言でなかろう。ともあれ第三群の対外活動は、図書館が一般公衆の理解と協力とをうけるために、自己を正しく評価されるように、正しく自己を広告する直接の方法をいうのである。このグループに属する仕事は、それ自体においては何らのサーヴィスをも提供しないであろうが、しかしそれは究極の目的――人びとを図書館利用に導くことを指向するものである。

図書館の弘報・宣伝が、これまであまりにも怠慢であった結果、これだけが図書館のＰ・Ｒ（Public Relations）であるかのように錯覚をおこしている向きもあるのではないか。それはおそらく著者の誤解であろう。著者の考えはオーソドックスでドグマチックと評されるかも知れないが、パブリック・リレイションズというのは、人間と人間との関係を伸ばしてゆくことによって、そこに温かい血の通った人間的社会――コミュニティをきずきあげてゆくことであると信ずる。

政治の分野におけるデモクラシーの概念と、社会の分野におけるソリダリティの思想とが、公の社会的教育的機関である図書館においても、図書館資料を媒体（media）として読者という人間と、図書館職員という人間との接触によってかもし出される人間的なふかい関係から、新しい図書館の奉仕活動を生みいだすのである。この理解と信頼とに基づく新しい認識が、すなわち図書館のＰ・Ｒの基盤となるものである。図書館政策も図書館奉仕も、みなことごとく図書館の人間的関係に基づいて組み立てられるのであって、ひとりＰ・Ｒのみが図書館の対外活動ではないと考えている。

そこで第三群に属する対外活動について、主なるものを挙げてみると

1　図書館自体の行うもので文書によるもの

ａ　図書館要覧（一覧）

ｂ　図書館報（年刊・季刊・月刊）

ｃ　図書館蔵書目録

ｄ　パンフレット　リーフレット

2　視聴覚に訴える対外活動

ａ　ポスター　掲示

b　図書館資料の展示
c　美術室・音楽室の設備
3　他の機関を共同に利用して行うもの
a　地方公共団体の発行する公報
b　教育委員会の機関誌
c　ローカルの新聞記事ならびに放送
d　地域社会で発行される同人雑誌・文芸誌
e　映画館・書店・デパートなどにおける展示または掲示
f　地方公共団体・郵便局などの掲示板利用
g　汽車・電車内および停車場などの掲示板利用
4　他の機関と共同主催で行うもの
a　地方行政機関・他の図書館・公民館・新聞社・放送局・諸団体など

以上かかげた（A）・（B）・（C）三種の対外活動の区分は、厳密なものではなく、きわめて任意的なものである。対外活動の多くは同時に、二つあるいはそれ以上の目的に役立つことがある。例えば「図書館報」が新着図書の増加目録を掲載しているならば、読書会その他（A）の図書館活動の資料となるし、またその内容が、図書館の利用者であると否とにかかわりなく、興味があり教育的価値をもつならば、（B）の目的に合致する遠心的対外活動といえるし、さらに新しい読者を図書館に誘うことに役立つならば、むろん（C）の種類に属するのである。

しかしながら図書館の対外活動は、その種類はいろいろあるであろうが、これを計画する前にわれわれは、その目標を正しくじゅうぶんに知っておかなければならない。そしてその目標をもっともよく成就するためには、どのような種類の活動分野を選択し、どのような計画を立てたらよいか、また誰だれを訴求（アピール）の対象とするか、などをハッキリつかんでおかなければならない。図書館の対外活動は、対外活動のための対外活動であってはならない。一定の計画なしにリーフレットを編集したり、ポスターをつくったり、講演会を開いたところで、最大の効果をあげることはむずかしい。われわれはいつも人間を相手に仕事をしているのである。誰に奉仕するかが問題なのである。どうしたら多くの人びとを図書館に引きつけるかということだけにあるのではない。

2　対外活動の歴史的回想

I　近代図書館の背景

現代の図書館は永い伝統による歴史の産物であり、その歴史的発展過程のうちから、外形にも機能にも、方法にも態度にも、慣習にも、多くの変化を生じて成長してきた施設であり、機関であり、建物なのである。しかも図書館のもつ属性の多くは、図書館奉仕の限界とともに、幾百千年の永い伝統のうちから生まれ出たものである。

しかし図書館に内在する中核は、それにもかかわらず過去も現在も将来も、同一の不変性をもって活きている。図書館に内在する中核とは知識である。世界の知識が図書の形をもってここに保存され、いつくしまれ育てられ、知識を必要とするすべての人びとに役立ちうるところが、すなわち図書館なのである。知識は人びとに自由を与え力を与える。近代図書館が人びとに信頼され権威をもち、着実な基礎にたつのは、図書館の伝統が自由を与える力をもち、その門戸を一般公衆に開放して、知識をすべての人びとの共有のものとするからである。

古代の図書館はエジプトにおいてもアッシリアにおいても、ギリシア・ローマにおいても、その時代の知識を保護し管理するところであった。ヨーロッパの中世を通じてこの知識は——北方蛮族の破壊をまぬかれたものだけが修道院に保存され、修道院はいずれも学問を尊重し、写字生をつかって古代の文化資料を消滅することから救った。そしてわれわれがルネサンスとよぶ偉大なヒューマニスチック運動が起こると、それは古典学問に対する情熱の復活であり、古文書・古記録を探求する運動であり、中世から近代への過渡期であり、同時に近代世界の二大事件というべき新大陸の地理的発見と、活版印刷技術の発明とが前後して、この運動のうちから発生した時期であることをも記憶すべきである。

古典学問にたいする興味と関心とが再生したため、知識の世界においては人間の精神が解放されて自由となった。十五世紀にはキリスト教会それ自身が新しい学問の擁護者となり、また中世から存続していた大学が知的活動の中心となった。それがのちには学問に縁故のうすい門外の人びとのあいだにも、古典にたいする興味と活動とから、しぜんと図書・記録の収集に熱中し、その守護者をもって任ずるものを生ずるようになり、なお印刷の普及は図書の社会化（socialization）に拍車をかけるような、もっとも強い有力な影響を与えるようになった。しかし近代初期の図書館は、まだまだ宮廷や特権階級や、学問的機関に属するものが多数を占めていた。それらの事実は近代国家の発達した今日でも、多数の蔵書をもつ図書館の大部分が、その図の首都に学問の府に見出されるのは、前代の名残りというべきものであろう。パリにロンドンにワシントンに、ローマにオックスフォードのボドレー図書館にハーヴァード大学の図書館に、世界にほこる価値ある集書が存在しているのである。

これらの図書館が一般公衆のための図書館を生みだす道程は、ほど遠いもののように最初は考えられていたのであるが、初期の大学図書館のうちには、その社会的責任から、少数の制限された、地域社会の教育あり、しかも図書に飢えている人びとに、その保護・看守している図書を利用することを許すこととし、図書が生活に必要であることを教え、図書についての一般の関心を刺激したことが、一般教育の進歩するにしたがって火に油をそそぎ、ついに人民のための人民による人民の無料図書館運動をうながし、これを実現する導火線となったのである。

II　アメリカの図書館運動

われわれが図書館の対外活動について考えるばあいに、ある先進国の経験したところをもって実証することは、説明を助けることに役立つものである。だからと言って著者は、アメリカの図書館運動に随喜《ずいき》の涙をながしているわけではない。アメリカの図書館はアメリカの政治的・経済的・文化的発展の直接の結果であり、一般に国民教育が発達して普及し、それがアメリカの生活に融けこんで、これを展開させる特色となったため、とくに十九世紀の後半から二十世紀にかけて急速な発展をとげたのである。ほかの国の図書館運動がアメリカとちがうのは、もとよりのことである。

一八七六年（明治九年）はアメリカの独立建国百年にあたり、アメリカ図書館協会の結成・誕生した年として記憶されている。この年アメリカ連邦教育庁は『公共図書館特別報告』[1]を編集して刊行したが、そのうちにスカッダー（Horace E. Scudder）の執筆した「百年前の公共図書館」と題する一章がある。それによると、一七七六年アメリカ人の一般教養を高めるために公開されていた図書館は、フィラデルフィアとロード・アイランド州のニューポートとメイン州のプロヴィデンスとポートランドとにそれぞれ一つずつ、ニューヨークに二〜三とマサチューセッツ州の三都市にあったほか、メイン州のキタリー（Kittery）とヨーク（York）とには「巡回文庫」（revolving library）が行われていたと記されている。いうところの「巡回文庫」とは、これら両市のあいだを「巡回」していた集書であって、のちに「移動図書館」（traveling library）という図書館奉仕のもっとも重要な特色

1　U. S. Bureau of Education: Public Libraries in the United States of America; A Special Report. Washington, D. C., 1876.

をそれ自身のうちにもっていた。この文庫はもともと両教会区に属する有志の寄附によるもので、最初わずかに三百冊で出発したものであるが、その後いちじるしく図書の数が増加したものとは思われない。なおこれと同じ様式の巡回文庫は一七〇〇年代のはじめに、イギリス福音伝道会の書記ドクトル・ブレイ（Rev. Dr. Thomas Bray）が南部地方の植民地、とくにノース・カロライナとメリーランドに設定した教区図書館である。ブレイはメリーランドだけでも、二、五四五冊からなる文庫を三十の教区に発送している。主として宣教師たちの教養を目的としたものであったが、むろん一般公衆にも開放されていた。マサチューセッツ州の都市にあった会員組織図書館（social libraries）というのは、文学を愛好する仲間同志がクラブを組織し、それに所属する小規模の図書館であって、クラブ員は終身会費を払い込めば、それで言わば図書館の株主となることができたのである。これらの僅《わず》かばかりの蔵書でさえも、時としてクラブ員以外の読者にも利用を許したため、ニューイングランドにおける都市公共図書館の発生を誘発したといえるのである。しかし会員組織図書館のうち一ばん古く、かつもっとも有名なのは言うまでもなく一七七三年にベンジャミン・フランクリンが結成したもので、のちにフィラデルフィア図書館会社（Philadelphia Library Company）と名づけられた。――読者よ、明治五年（一八七二）一月京都にできた会員組織の集書会社〔註・日本最古の民間会社による公共図書館、京都集書院の運営母体となった「集書会社」のこと〕の名をここで想起してほしい――フランクリンはその『自叙伝』のうちに、これは北アメリカにある会員組織図書館のすべての母であると言っているが、もしそうだとすれば、アメリカ公共図書館の祖父格だといってもも過言ではあるまい。のちには古典文献の収集で有名なロガニアン図書館などを併せ、ぼう大な規模となって一般公衆の利用のために公開されるようになった。

その他の社団図書館のうちで、まったくちがった仲間に奉仕することを目的とした商業図書館（mercantile libraries）と協会図書館（society libraries）とがある。それらのうちには昔ながらの形を備えながら、よく本来の目的を達成して現在でも活発な発展をつづけているものがある。ニューヨーク協会図書館（New York Society Library）は著名な一例で、多くの学者と著述家とに有益な奉仕をしている。一般にいっていわゆる「商業図書館」なるものは、ある商社がその従業員のためにつくった読書施設ということができよう。

近代アメリカ図書館の前駆として、また一般公衆の利用をうながす運動に大きな影響を与えたものに、私人の寄附行為による図書館のあることを忘れてはならない。それらのうちには現在でも別個に単独に、その存在を維持し学問的金字塔として固有の価値とほこりとをもつものがある。しかし中には一般公衆のための公共図書館に変貌し、または公共図書館と合併してしまったものもある。アストル（Astor）とレノックス（Lenox）の二つの図書館が、ニューヨーク無料貸出図書館（New York Free Circulating Library）と合併してニューヨーク公共図書館を組織したのは、その一つの例である。この図書館は同一の管理のもとにありながら、寄附財団が主導権をにぎり、図書の一般貸出や、その他のいわゆる図書館活動は、別個の部局が担当し、市の公費によって事業経費がまかなわれている。

アメリカの図書館運動が一般の公衆に、図書をもって奉仕するための一つの実験は、ニューヨーク州で行われた学区図書館である。これは一八三六年にはじまり、都市のかわりに学区（school district）を単位として図書の普及を計画したものである。この方法は他の諸州にも及び、数年間は驚くべき盛況を示した。しかし久しからずして学区は、公共図書館を経営する単位としては余りにも小さく、現在ではすでにその機能を喪《うしな》っている。ただ学区図書館を設立するに至った州の法律そのものは、公共図書館を維持するために州の為政者が、その社会的責任感を発展させたという点で、その重要性を認めることができる。現実に多くの公共図書館が、現在でもなお学区法によって運営されている。このことは同時にアメリカ図書館法規の構成が、州によってちがっていて複雑多岐であることを物語るものである。[2]

すでに述べたようにニューイングランドの都市の図書館は、社交クラブあるいは実業団体の小蔵書から出発して、現在の租税によるアメリカ公共図書館にまで発展したものである。ニューハンプシャー州のピーターボロー(Peterborough)市図書館は、一八三三年に創立されてから現在にいたるまで、市民の租税によって維持経営されている最も古い都市図書館である。それはニューハンプシャー州が管内の都市に、その図書館を維持するため、市民に課税することを正当と認めた一般州法の制定（一八四九）に先だつ十六年前のことである。その前年すなわち一八四八年にマサチューセッツ州は、ボストン公共図書館の設立と公費支弁《しべん》とを許可する特別立法を通過したが、この法律が州一般に適用される効力をもつようになったのは一八五一年のことである。ボストンのばあいは公共図書館が公共の施設として、公費支弁に値することを認めた重要な一例として、図書館運動の進歩に一時期を画したものということができる。[3]

このようにして一八七六年このかたアメリカ公共図書館の数は増し、図書館活動の分野は広がり、図書館機能の種類にも著しい変化が行われた。しかしその当初を回想してみると、独立建国以来ようやく百年、人民のための人民による人民の図書館は、わずかに芽ばえただけにすぎない。だが、この年が出発点となってアメリカの図書館は大きな歩みを遂げたのである。人間の団結と協力とが、どんなに大きな成果をし遂げるかを実証しているのである。知識の貯水池であった図書館が、こんこんと湧き出る人間活動力の源泉となったのである。図書の「看

2　竹林熊彦　図書館経営入門　京都出版ＫＫ　昭和二十六年　P. 18-24
Bostwick, Arthur E.: The American Public Library. 3rd ed. Appleton, 1923. Chap. 2.

3　Fletcher, William I.: Public Libraries in America. Boston, Roberts Brothers, 1895. (Columbia Knowledge Series. No.2.) Chap. 2: Library laws; how libraries have been established.

守者」であった職業が、社会的意識に目醒《めざ》めた専門職となったのである。そして図書は一般公衆の福利に奉仕するようになったのである。

Ⅲ　アメリカ図書館の対外活動

著者はアメリカ初期の図書館運動について、余りにも多く語り過ぎたかと思う。しかし今まで述べてきたところは、アメリカの図書館が、その門戸をより広い世界に開いたというだけにとどまり、進んでその壁を破って外に動き出し、一般公衆の生活なり仕事なりと密接な関係をもつにいたった第二の段階については触れていない。この過程は現在なお進行しているのであるが、アメリカの図書館が消極的な受動的立場から、積極的に能動的活動に移っていった経過は、過去の興味ある事実であるばかりでなく、それは血のにじむ闘争の結果であることを知らなければならない。

図書館運動はいつでもその国の、その時代の社会生活と不離一体をなしているものである。本国イギリスから独立した青年共和国アメリカは、新興の力をもって人口は増し、貿易は盛んとなった。西部開拓運動がはじまると、いたるところの町や村には教会や学校が建てられ、農業は繁栄した。人力にかわる機械の発明は、やがてアメリカにも産業革命の波が押し寄せ、交通・通信の機関はもとより農業にも、いな日常生活のすべてに変化をもたらした。松明からローソクへ、ランプへ、ガスへ、電気へという一連の照明の変化だけでも、そのあいだの社会的経済的革新を物語っている。ことに世界を震憾《しんかん》させたフランス革命の影響は、新しい自由の国家に国民に鋭敏に感ぜられた。民主といい共和とよぶ相対立する政治思想の闘いと、政党と政党との争いは、人びとに、より多くの政治的教養と訓練をもつことを必要とするに至らしめた。教育は盛んとなり、学校の数は増し、討論会は活発になり、新聞と雑誌のはんらんをみるようになった。

すべて革新思想というものは、旧い制度との激突をまぬがれることはできないものである。奴隷制度は、アメリカの経済生活に欠くことのできないものであった。二つのちがった生活様式、そして二つのちがった経済的利害は、南北戦争というたぎり立つ煮え湯のうちに、アメリカ国民を投げこんだ。激しい憎しみと憤りのうちから、これまでかつて経験したことのないような政治的結束をもった単一国家が出現した。それは商業資本が農民階級を圧迫する新しい産業時代の勃興《ぼっこう》である。ここに新しい人間の動きが発生した。それは富を求め、富をつかむ機会をみつけるための移動であった。村落から都市へ住民はふくれあがった。奴隷労働に代わるために、中欧から南欧からの移民は、鉱山に工場に殺到して国内の労働力と競争するようになった。

このようにして産業資本の勢力はいちじるしく昂進《こうしん》した。機械時代は工場組織をつくりあげ、機械を運転させるためには労働者を必要とし、労働力をうるために資本はますますぼう脹した。巨大な独占企業は鉱山に鉄道に爪牙《そうが》をのばし、よって生ずる利潤は少数者――アプトン・シンクレアのいうrobber baronsの懐《ふところ》におさめられ、その勢力を増大させるとともに巨億の暴富を集積させた。こうした無統制な個人主義と飽くことを知らない富の勢力とは、これに対抗するために鞏固な団結力をもつ労働階級の出現となった。新しい生産様式の世界では、労働者と資本家の利害は容易に一致するものではない。労資ともにそれぞれ階級としての組織をつくり、グループとして睨《にら》みあい、そのあいだに大きな溝をつくり亀裂を広く深くした。ここに合同資本に対抗するための労働運動は、すさまじい勢いをもって立ちあがった。同時に産業資本は自然の資源と人知の発明とを独占し、ますます結束をかたくし、いよいよ勢力を発揮するのに余念なかった。アメリカの社会闘争は熾烈《しれつ》を増し深刻をきわめた。二十世紀初頭のアメリカは国力の満ち足った尊大で自己的な、しかも同時に粗朴な国土であった。

アメリカの図書館は敏感に、これらの社会的変化をうけいれた。そして徐々に漸進的《ぜんしんてき》に静かに、断えず信念をもって前進をつづけた。すべての公共の機関が、狂瀾怒涛《きょうらんどとう》さながらの社会状勢に適応するためには、強い信念と高い理想と不動の勇気とを必要とする。アメリカの図書館は新時代の要求に応じて、都市にひしめき渦を巻く民衆と、チャンスを求めて渡来したヨーロッパの移民と、そして世界のすべての人びとを、その人種と宗教と貧富と社会的身分とにかかわりなく、じゅうぶんに受けいれて教育する社会的責任を感じ、その門戸を開放したばかりでなく、新しい設備を行い、かつ成長を遂げたのである。

A　開架制

アメリカ公共図書館のなしとげた前進の第一歩は、言うまでもなく開架制（open access）を採用したことである。現在では小規模の図書館はもとより、相当の図書館でも蔵書の大部分を公開書架に展示しているし、大図書館ではまたとくに公開書架室を設けて、新刊集書をすべて読者に利用させている。

このように明らかにデモクラチックと考えられる動きは、最初は多くの、保守的な図書館長や図書館評議会（library boards）の手きびしい反対に抵抗して、試験的に行われたものである。その反対の理由は今日でも正当なものであって、図書の保全という見地からすれば、重大問題たるを失わない事がらである。すなわち図書を紛失と汚損とから保護するため、高価で貴重な図書は閉架して保存している理由がそこにある。さらに開架制のため館内の喧騒がまし、書架の順序が混乱するであろうと憂慮《ゆうりょ》された。なお当時は開架制と併行して病菌の伝染が、まじめに討論されたことも附記しておかなければならない。

しかし一八九〇年、新しい美しいボストン公共図書館が落成し、大きな開架図書室が開設されると、保守的反対論は水の泡のように消えてなくなり、二十世紀の初頭いらい開架制は公共図書館の不動の政策となった。

B　学校への奉仕

つぎにアメリカの公共図書館は児童に対する態度を定め、その必要に奉仕することに注意するようになった。このことは当時においては、驚くべきほどの新しい思考傾向だといわれているのである。しかしここには公共図書館の対外活動の一分野として、学校に対する図書の奉仕について触れておきたい。すなわち公共図書館のうちには、その市内にある学校に図書の特別奉仕を申し出で、それが衷心《ちゅうしん》から賛成を得て一八八五年ごろから一九一四年ごろまでの間に広く普及するようになった。その影響によって学校図書館の設立される機運を助長したが、さらに公共図書館と学校との協同による読書指導とレファレンス奉仕とは、教室における学習計画と学習活動とを豊かにするばかりでなく、アメリカ図書館の新しい道を約束するものであるといわれている。

とくにこのことはアメリカの小都市と村落とで、如実に実験されたものである。学校図書館はカリキュラムそれ自体のための図書を備え、教材を豊かにすることはいうまでもないが、教養のための余暇の読書も忘れてはならない。とはいうものの学校図書館が、広く文献の各部門にわたり、潤沢にこれを網羅《もうら》するということは不可能でもあり、不必要でもあり、正当な処置とはいわれない。それは公共図書館の領域である。それだからこそ学校と公共図書館との密接な、そして効果的協力が、児童生徒の知的成長のために肝要な方策なのである。

C　州の図書館委員会・巡回文庫

アメリカの社会生活におけるもろもろの変化の結果として、広い範囲にわたる図書館奉仕のことが考えられ、各州は州を単位として、その学校教育活動と同じように図書館奉仕を維持し、進展させることの必要を確信するようになった。

ニューヨーク、メイン、ロードアイランドの諸州は、その州内の公共図書館で州の設置基準に合致するものには、百ドルないし五百ドルの補助金を与えることとした。むろん、このばあい何らかの形式の監督が行われた。とかくするうちに州の図書館委員会（State Library Commission）その他の州の管理機関をつくることとなり、マサチューセッツ州が草わけになって一八九〇年に州委員会をつくり、一九三四年までに四十四州がある種の州の図書館管理機関をもつようになった。これらの図書館管理機関は州内図書館への、補助金のことをとりあつかい、現場の指導員（supervisors）を通じて図書館に助言・指導などの援助を与えたばかりでなく、新しい図書館の設置をうながし、図書館立法を支援し、学校および各種団体に図書を提供し、そのために必要な書目・書誌を準備した。そして図書館職員のための研修機関ともなり、図書館職員養成のために講習会を開いた。

州の図書館管理機関の多くは、同時にまた何らかの形式で移動図書館（traveling library）を経営していた。これは新しいものではなく、すでに述べたようにメイン州のキタリーとヨークとにおいて「巡回文庫」が行われていたし、さきに記した学区図書館もまた、この種の移動方式によって操作されたものであって、読んでしまった図書群は別の図書群と交換されたのである。「水夫友の会」（Seaman's Friend Society）による船内図書館、連邦政府から灯台守に送られる図書群も、久しく続いた移動図書館といえるであろう。一八九五年ミシガンとモンタナの両州が、移動図書館制度を立法化した州法を制定・公布し、翌一八九六年にはアイオワ州がこれに続いた。

ニューヨーク無料貸出図書館は別途に、その分館から学校へ図書の貸出をつづけてきたのであるが、一八九七年に移動図書館部を設けた。のちにニューヨーク公共図書館がこれを継承し、さらに対外活動局（Extension Division）と改称して、世界でも有数な活動を行っているといわれている。アメリカ図書館協会が第一次・第二次世界大戦に移動式陣中文庫を設けたことは、事新しく言うまでもない。移動図書館が有効かつ適切であることは、ますます人気を高め広く流布するようになった。それらの図書群は大小さまざまあって、場所さえ許せば商店であろうと警察であろうと、消防署であろうと個人の私宅であろうと問うところでない。それらの図書は郵送されることもあるが、むかしはbook-wagonにより現在では自動車を使用しブックモビル（bookmobile 自動車文庫）とよばれている（イギリスではビブリオ・バス biblio-bus という）。

D　奉仕拠点としての分館

アメリカ各州の図書館委員会の発展と時を同じうして、個々の公共図書館もまた、その対外前進運動に飛躍を遂げた。その一つに奉仕拠点としての図書館分館がある。

図書館分館（Branch——以下分館という）の発達は、多くのばあい移動図書館の結果とも考えられるのであるが、いずれにせよ分館の発達は地方的・郷土的（ローカル）の必要に応ずるため、図書館政策および図書館奉仕の成長を告げる好《い》いモデルとすることができよう。例えばニューヨーク州のヨンカーズ（Yonkers）、インディアナ州のエヴァンスヴィル（Evansville）などは数年間に急にぼう脹・発展した都市である。図書館はすでに古くから設立されていて、おそらく旧住宅区域に位置していたのであるが、ビジネスの中心区域とは遠く隔っており、また新住宅区域とも接触がわるかった。そこで図書館は若干の中心をえらんで奉仕拠点をつくり、そこに図書を送って停留させ（停本所）、ときどきこれを交換した。しかし間もなく、これらの停留している図書群だけでは不充分であることがわかったので、移動図書館方式により、一そうひんぱんに図書の交換を行ったり、地域の要求を聞いて必要図書を補充したりした。

それらの活動にもかかわらず地区によっては、その発展ぼう脹のテンポが他よりも一そう盛んなものがあった。例えば土建会社が住宅を建てて分譲したり、多くの工員をもつ工場が建設されたりすると、人びとの図書に対する要求はいよいよ高くなり、附近にある学校からは図書の公用貸出をせまる声がますます強くなり、週に一回ブック・ワゴンがつくと、児童たちは忽《たちま》ちかん声をあげてこれをとりまき、けんけんごうごう図書の争奪戦を演ずるのであった。これに応える方策としては、恒久的蔵書をもつ図書館分館を設け、常勤の職員を常駐させるよりほかはなかった。

E　郡区における図書館奉仕

都市における分館設置の運動と併行して、住民人口の稀薄な広大な地域に、郡区図書館（county library）の奉仕運動が発達するようになったのも自然というべきであろう。それは地方のそれぞれの事情に応じ、その創意によっていろいろの方向に進展したことはむろんであるが、アメリカの極西部およびミドル・ウエストにまず発達し、かつ最大の効果をおさめたことも異とするに足らない。

オハイオ州は郡区図書館の奉仕について、二つの例を提供している。その一つはシンシナティ市を中心とするものであって、市の公共図書館は郡から一部の財政的援助をうけるという契約のもとに、郡の住民全体に対して図書館奉仕を拡張している。これは一八九八年に創始されたものであって、条件を同じくする多くの他の地方の模倣するところとなった。その同じ年の一八九八年にオハイオ州のヴァン・ワート郡（Van Wert County）に独立した図書館の建物が与えられた。それは公共心にみちあふれた一市民の寄附によるものであって、その条件として郡は図書館を財政的に支持するという契約によるものである。ヴァン・ワート郡は農村的性格をもった地区で、その区内にはシンシナティのような利用すべき市立の図書館が存在していないのである。どの州でも図書館奉仕を痛切に要求し、この要求を満足させる州の立法を得さえすれば、ヴァン・ワートの例に倣《なら》うことができるのである。

もっとも広汎な、そしてもっとも成功した郡区図書館奉仕は、これをカリフォルニア州に見ることができる。ここでは州全体にわたり郡区図書館網ができていて、いたるところ満足すべき図書館奉仕が行われている。この組織は一九〇九年ごろ、その一部が初期の州立図書館長ジェイムス・ジャイリス（James Gillis）の努力の結果として、一種の移動図書館の方式による対外活動から、州内のすみずみに至るまで図書の利用・奉仕が出発したのである。

Ⅳ　地域社会における対外活動

これまでに述べてきたアメリカ図書館の対外活動は、その形成期がちょうどアメリカ国民の発展期と一致している。なぜデモクラシー社会において図書館施設を必要とするか。その理由は（a）図書館が国民全体の普遍的要求であるということと、（b）図書資源に容易に近づくことができて、その利用度の高いということによってデモクラシーを評価することができるからである。図書館が一般に利用されるためには、（a）全国土にわたり広くすべての地域において、図書を手にすることのできる機会を多く広くすることを目的とする活動が必要であると同時に、（b）その活動は制限されるけれども、地域社会のあらゆる趣味・教育的必要・教養水準に訴え、集中的にこれを掘り下げてゆく活動を要求する二つの面がある。いままで述べてきたアメリカ図書館の対外活動は、主として前のばあいであるが、同時にアメリカ図書館はインテンシヴに奉仕することの価値に目ざめ、図書館と地域社会との不離一体を意識し、コミュニティ・センターとして地域社会の社会的必要に注意を払い、これと関連して図書館の責任を自覚するようになった。

このようなアメリカ図書館の変貌は、前節に述べた図書館活動範囲の拡大による自然の結果とも見られるのであるが、ただそればかりではない。一九一二年ごろから一九二〇年ごろにかけてヨーロッパの移民が、洪水のようにアメリカに押し寄せて、慈善団体の活動や運動が盛んとなったのと時期を同じうして、図書館の社会的責任が明白に啓示されるようになったためである。言いかえるならばアメリカ産業の極度にぼう脹したことが、図書館の社会意識を生み出したのである。

多くの勇気のある青年たちは、内なる情熱に駆られて細民の群がるスラム街に突進し、看護婦として学校教師として、牧師として社会事業家としての仕事を求めた。或るものは図書館にはいりこんだ。ここにもまた、かのドン底社会に喘《あえ》ぎ蠢《うご》めく大衆に図書の触手を伸ばす機会のあることを信じたからである。むろん時代の動きに敏感なアメリカの図書館は、独自の方法で独自の資源でもって、それぞれこれらの貧しく文盲で、窮乏《きゅうぼう》に呻《うめ》きもがいている人たちの必要に応ずるために努力した。多くの場所で、とくに人口の稠密《ちゅうみつ》な大都市において、図書館が、その周囲の醜怪《しゅうかい》な生活にとけこみ、密邇《みつじ》な接触と関係とを保ち、社会機関として有意義な事業を成就した。そのうちのあるものは、そのユニークな実例から、とくに一般の注意をうけたものもあるが、より多くの他の図書館がそれぞれ独自の立場から、同様の奉仕や方法とを展開したことについても、高い評価を払うことを忘れてはならない。[4]

A　外国移民に対する図書館奉仕

われわれがアメリカの地域社会における図書館の対外活動を、もっともよく理解するためには、まず図書館がもっとも鋭敏に地域社会の要求に反応し、かつそれらの要求に対処するために、どんな方策を講じたかを観察すればよい。最初にアメリカ図書館の注意にのぼったものは、種族的民族的集団なのである。

二十世紀の初頭に中欧・南欧から、いく百いく千の男女が移民の群をなしてアメリカになだれこみ、都市を中心にひしめきあい、多くのばあいにまったく孤立した生活を送り、アメリカのいくらか上品な階級とはほとんど交渉がなかった。彼らがその日その日の生活で訪れる先は工場であり、しかもそれは低賃金で働かされる設備の行き届かない安ものの工場であり、サルーン（酒場）であり、軽犯罪をおかしてひっぱられるポリス・コートである。これらの種族的集団がもっとも必要とするものは教育であり、社会的適応である。それらを欠く外国移民は、アメリカの生活方式に対する脅威であり挑戦である。いろいろな機関や施設はさまざまな方法や手段を講じて、これら外国移民の必要に奉仕しようとした。図書館もまた幹部職員の協同的努力を通じて、図書や集会場を彼らに提供した。分館には外国書の部門を設けてロシア人・ユダヤ人・イタリア人・ハンガリー人などのために、それぞれの国語をもって書かれた書物が、事情の許すかぎり備えられていた。そのうえにまた、これら外国

4　Solis-Cohen, Leon H.: Library Work in the Brooklyn Ghetto (Library Journal, 1908; Janzow, Laura M. ed., P. 477)

移民の国語を話すことのできるもの、もしくは同じ種族的背景から彼らを理解できる人を図書館の司書に採用した。クリーヴランド公共図書館には、外国生まれのもののために独立の部門がつくられていた。

ある図書館では学校と協力して、「アメリカナイゼーション」（米国化）教室の展開を援《たす》け、アメリカに帰化するに必要な書類をととのえ、アメリカ市民権の獲得を斡旋《あっせん》した。とくに図書館が中心となって外国人教室の生徒たちのために——彼らは知能の発達した成人であるけれども、英語の知識は乏しく幼稚であるから、それらにふさわしい「やさしい英語」で書いた書物を見つけるのに骨を折った。そのうちに移民の制限が厳しくなり、外国移民の生活にもまったく新しい水準ができ、これらのグループに対する図書館のやり方にも変化を生じた。しかしその原型なり前例は、公共図書館の政策に恒久的な効果をもたらしたことは疑いないところである。ここにはじめて図書館は社会的に大規模な図書館奉仕を展開させたのである。[5]

B　黒人に対する図書館奉仕

外国移民のばあいと多くの類似点をもち、地域社会中心の顕著《けんちょ》な図書館奉仕として挙げられるのは、黒人に対するそれである。ひとり南部諸州ばかりでなく、北部諸州の図書館でもこれに手をつけていた。むろん黒人のうちには外国人の血の混じったものもいたが、その大多数はアメリカ生まれの黒人で、立派なアメリカ市民なのである。したがってこれを外国移民と一緒にすることはできないが、外国移民のばあいと同じように、彼らは一定の地区に隔離した生活を送る傾向をもっていた。そこで黒人市民の集中している都市の公共図書館では、黒人の

5　Maltby, Adelaide Bowles: Immigrants as Contributors to Library Progress (Janzow, Laura M. ed., P. 485)

読者に対して**特別な奉仕**を展開するようになったのである。

ここでいう「特別な奉仕」の意味は、外国移民のばあいと同じように、一般公衆のもつ図書館利用の特権を彼等には制限するという「特別」ではなく、より以上の附加的奉仕を、図書においても指導助言においても、いろいろな活動方法においても、彼等に提供するということなのである。例えば――

（a）黒人社会の図書館においては、とくに黒人の著作した図書および黒人に関係のある図書が備えられている。

（b）ケンタッキー州ルイヴィル（Louisville）市の無料公共図書館は、二つの分館を黒人の専用とし、黒人の司書を常勤させている。

（c）そこには教室がつくられ、読み書きのできないものに文字を教え、図書に親しませ、図書の利用を奨励している。

（d）図書館を中心に老若男女のためにクラブをつくり、会合の場所を提供して彼らの社会的本能を満足させると同時に、当てもなく街の中をぶらつく青年を図書館に誘った。

（e）彼らはそこで自治について学び、自分の職業についての知識を加え、自からの生活改善に役立てた。

こうしてアメリカの図書館は、黒人社会における建設的な社会的原動力となったのである。[6] 外国移民と黒人に対する図書館奉仕は、アメリカ「国産」の対外活動として、とくに注意する価値がある。

6　Rose, Ernstein; Serving New York's Black City (Library Journal, 1921. Janzow, Laura. M. ed., P. 517)

C　地域社会における職業奉仕

図書館が基本図書の収集に力こぶをいれ、主要な題目のスタンダード・ワークや、一般に喜ばれる文学書を備えることはよいことであるけれども、公共図書館がその名にふさわしいものであるためには、その地方の職業に関係をもつ図書および雑誌、その地方の人びとがとくに興味をいだく趣味的な事がらについても考慮しなければならない。

鉱業とか製鋼業とか、農業とかいうような基本的産業については、大図書館に行きさえすれば、専門的技術書が相当に備えられているかも知れないが、地域社会の図書館はたとえ小規模であっても、信頼することのできるシッカリした適当な図書が備えられていて、製材・園芸・保険・広告などの業務に従事する読者を満足させるならば、図書館の声価《せいか》はいちじるしく高まるものである。読者個人の趣味はもとより多方面にわたるものであるが、室内遊戯・戸外のスポーツ・釣り・碁・将棋などのホビー、編物・手芸などの内職にいたるまで、地域社会の人びとに奉仕することはいうまでもない。アメリカの図書館は最近になって、とくにこの方面に注意するようになったといわれている。しかもなお市政の担当者や地方公務員や、組織労働者に対する図書館奉仕が、案外にも周到でなく、貧弱でお粗末であったため、図書館についての正確な情報が彼らに伝わらず、誤解を生じた結果、図書館経費の出し惜しみとなり、それがまた一般公衆へはねかえって図書館奉仕が行きづまったり、図書館活動を極度に制限しなければならない状態を生じたりしたこともある。

一九一七年ニューワーク（Newark）公共図書館は、その商工分館（Business Branch）を設立した。それは市内で好評を博したばかりでなく、広く外へ伝わって同じような試みを企てるものの刺激となった。ミルウォーキー公共図書館では一九二四年にトムキンス女史（Miss. Miriam D. Tompkins）が、労働団体に対して理解のこもった能率の高い図書館奉仕を試みた。それは一般の公共図書館が読書相談や読書指導に乗り出し、成人教育に着手する以前のことと言われている。しかもこれら先覚の事業につづくものが多くあらわれ、これらの重要な領域についての関心と活動は、ますます盛んとなりつつあるということである。

D　身体的・精神的・社会的不適応者

つぎに図書館の注意をひく広大な対外活動領域は、身体的に精神的にハンディキャップをもつ人びと、刑罰にふれて自由をうばわれている人たち、老年その他の事情で活動が自由にできないグループである。すなわち病人・盲人・受刑者や養老院に収容されている人びとである。家庭にいるそれらの人たちに対しては、公共図書館から書物を郵便で送るなり、個人的に訪問するなり、移動図書館を届けるなりして、それぞれの事情に応じていろいろと奉仕をすることができる。そして読者は図書館奉仕を通じて新しいインスピレーションをうけ、知的転換をとげ、慰安・娯楽を心ゆくばかりにエンジョイするのである。その結果はただちに個人的反響となってあらわれ、図書館当事者に個人的な満足をも与えるのである。

これらのグループに対するアメリカ図書館の活動については、不充分ながら、さきに公刊した拙著『**特殊図書館**』[7]のうちにふれておいたから、これを割愛することが至当であろう。ここではただアメリカ公共図書館が、地域社会の施設として地域的性質をもったこれらの事業をとりあげ、既成の事実として図書館を利用するものの多

7　竹林熊彦編　特殊図書館　蘭書房　昭和三十年

くが、これを承認していることを記せば足りるであろう。

E　友好団体との協力と施設

地域社会に奉仕しようという強い意欲をもつ図書館職員は、その周辺に見出される多くのさまざまの人びとに、どのようにすれば奉仕の手をさし伸べることができるか、それがアメリカ図書館の悩みであった。それらの人びとの多くは図書館というものを意識していない。あるいはアパート生活を送って他から孤立隔離し、すこしも図書館に近よろうともしない。そこでアメリカの図書館は地方新聞とも連絡し、記事を通じて人びとに呼びかけたり、附近にある教会や劇場、各種の団体・機関にビラやポスターを送り、そこを焦点として、そこに集まる地域社会のいろいろな要素に接近し接触する方法を講じた。

これらの団体や機関は、それが政治的・宗教的・経済的のものであれ、あるいは社会福祉を特別の目的とするものであれ、それぞれ直接に全国的つながりをもつものがあり、内部的にはまた種族的・職業的結びつきをもつものがある。それが図書館と友好的協力の基礎ができると、図書館活動はさらにこれらの集団にたいして進められるようになった。そのうえになお教会・学校・ＹＭＣＡ・政治クラブ・保健組合・婦人会・児童福祉団体はまた、その結束を保ちながら別に、それぞれの利害関係の多少と厚薄とによって、横につながる新しいまったくちがった集団と結びつくこともある。アメリカの図書館はそれらの団体・機関を通じて、いろいろな利害関係をとらえ、未知の世界、未開拓の分野に広く進出した。すなわち図書館は（イ）これらの友好団体とともに地域社会に確固不動の地位を占め、（ロ）これらの団体・機関の人びとと広く知りあう機会をつくり、（ハ）図書館の希望する個人的奉仕をするために、ひとりびとりの読者についての知識が得られるようになつた。

図書館が地域社会の実情を知れば知るほど、地域社会の必要とする事がらがわかり、満たされていない領域を知ることができるようになった。アメリカの図書館はたしかに、それらの要求に応ずることができると信じ、地域社会への奉仕の一端として**社会施設**を実行することとなった。講演会・成人講座・討論会・美術クラブ・音楽会・読書会・書評会・小劇場など、それぞれ地域社会の必要に応じ、また友好団体の計画と歩調をそろえて、図書館の対外活動企画のプログラムに加えることとした。むろん図書館は、これら友好団体と競争するというような考えは毛頭なく、むしろ協力的立場において複雑な各種団体の企画・奉仕に適当に参与することを目的とするものである。図書館は図書館資料がもっともよく利用され、これら友好団体の知識・関心・活動が豊かになることを願うものである。しかも図書館はこれら友好団体に属する人びとを表面に推し立て、陰の力となって図書館のユニークな価値のある個別的奉仕に寄与し推進すれば満足なのである。常にそれらの友好団体と相互信頼的密接・不離な関係を保つところに、アメリカ図書館の地域社会における正しい位置を見出しうるであろう。[8]

V　日本の図書館とその対外活動

われわれは残念なことではあるが卒直に、わが国図書館の後進性を認めなければならない。あるいはそれは依然として、中世的封建的性質を脱しきっていないと批評する人があるかも知れない。したがって図書館の対外活動も、屈指するに足らないと言うであろう。著者は部分的にはそれらの主張を肯定しながらもなお、われわれの

8　The Public Library and Allied Agencies (Library Journal, 1905. Janzow, Laura M. ed., P. 323).

先覚者たちのうちには高い図書館奉仕の道念から、思いを図書館事業の推進にいたし、その実験に骨身をけずったような苦労のあとをたどることができ、こころの温まる思いをし新しい感激を覚えるのである。それが意思的に行われたのではなかったとか、無意識の「思いつき」であったとか、疑うものは疑わしめたらよい。われわれは先覚の足あとにインスピレーションを感じ、さらに創意とくふうとをこらし、新しい対外活動の領域の開拓に奮起する勇気のある人びとの出づることを待ち望むものである。

断っておきたいことは、限られた本書のスペースでは、近代日本の図書館運動を概説することは困難であるし、また過去の対外活動の全貌をことごとく描きだす用意もない。それは著者が、ひそかに他日に期している「近代日本図書館運動史」のうちにとりあげたい。したがってここに述べるいくつかの項目は、きわめてアト・ランダムのものであることを告白する。しかし著者は読者の聡明を信じ、断片的の記事のうちから一よく十を推知し得られるものと信じている。

A　初期の図書館文献と対外活動

近代日本の啓蒙学者**福沢諭吉**《ふくざわゆきち》は、その著『西洋事情』のうちに海外の「文庫」について紹介記事を載せ、「日用の書籍、図画等より古書珍書に至る迄《まで》、万国の書皆備《そなわ》り、衆人来りて随意《ずいい》に之《これ》を読むべし。但《ただ》し毎日庫内に読むのみにて、家に持帰ることを許さず」と述べ、西洋の図書館が館内閲覧であることを説いている。また『官准《かんじゅん》中外新聞』の**柳河春三**《やながわしゅんさん》も、ビブリヨテーキを「但《ただ》し只《ただ》書物を貯へ《え》置くのみならず、古今の書籍何にても類を以て聚《あつ》め、一々本箱又は棚にならべ置き、誰にても某《なにがし》の本を一見したきとか、某の本に参考すべき事有りとか云う時、随意に借覧を許し、一見済《すみ》たる後は元の本箱に納むるなり。尤《もっとも》著述家など参考或は引証の為に、往きて観る事は毎日にても苦しからず。只一片紙たりとも場所より外へは持出すことを許さず」と記し、図書の分類・書架配別には触れているが、やはり館内貸出が主であることを強調し、「是《こ》れ西洋ビブリヨテーキの常例なり」と結んでいる。

明治四年米欧欽差特命全権大使**岩倉具視**《いわくらともみ》の一行は、五年六月二十四日フィラデルフィアにフランクリンの「開基」した図書館について記し、ロガニアン書庫に及び「マルカンタイル〔Mercantile〕置ニハ商人ノタメニ書籍ト新聞紙ヲ集メ貯ヘ《え》テ縦覧《じゅうらん》ヲナサシム、其書冊《そのしょさつ》モ亦《また》三万冊ニ及フ《ぶ》」といい、さらに六年一月六日にはパリの国立図書館を訪れ、「此《これ》ニ守人アリ、観ン事ヲ望ム人アレハ《ば》、取次《とりつぎ》テ此ニテ与ヘ《え》テ観セレム、持出ル事ハ禁制ナリ」と記しているが、国立図書館と一般公共図書館とのちがいについては触れておらず、したがって対外活動のことなどはみじんも述べていない。

明治九年すなわち一八七六年は、すでに述べたようにアメリカ図書館の歴史に画期的道標をなすものであるが、このときフィラデルフィアに開かれたアメリカ建国百年記念博覧会には、わが国も欣然《きんぜん》これに参加した。そして文部大輔**田中不二麻呂**《たなかふじまろ》は畠山義成《はたけやまよしなり》・阿部泰蔵《あべたいぞう》・手島精一《てじませいいち》・出浦力雄《でうらりきお》を具して彼地に赴き、在米国留学生監督目賀田種太郎《めがたたねたろう》とともに、親しくわが教育出品について解説し、またわが軍の教育事情を説明して来観者の質問にも懇切丁寧《こんせつていねい》に答弁した。同時にアメリカの教育制度の実務を調査・研究し、十年一月帰朝して復命したのち、その見聞したところを編集して『米国百年期博覧会教育報告』四冊を刊行し、『米国学校法』上下二冊を翻訳して出版している。

文部官僚の一行が、どのようにアメリカで図書館を観察したかは、この報告書の第三巻に収められた「書籍館《しょじゃくかん》」という項目について知ることができる。その末段には、さきに述べたアメリカ連邦教育庁の『公共図書館特別報告』中にあるJ・P・クインシー（Josiah Philips Quincy）の所説を紹介し、なおスウェーデンの出品にかかる村落学校の模造建物を図で示し、左側の半分が教室で、右側の半分は二階づくりになっていて、階下は図書館、階上を教師の住宅としてある新しいくふうに興味をもったように思われる。それらの刺激を通じてわが一行は、図書館について啓発され影響をうけたことは、同年十二月田中は『文部省第四年報』を撰次《せんじ》するにあたり、とくに「公立書籍館ノ設置ヲ要ス」という一項目を織りこみ、図書館の普及を切実に訴えたことでもわかる。すなわち図書館は Continuation school であり「公立学校ノ設置ト公立書籍館ノ設置トハ、固《もと》ヨリ主伴《じゆばん》ノ関係ヲ有シ、互《たがい》に相離《あいはな》ルヘ《べ》キニ非ス《あらず》」、ところがわが国では学校の設置されるものは多いが、図書館の設置はとかくおくれがちであるのは「教育上ノ欠憾《けつかん》」であると断じ、「其厦屋ノ如キハ、之ヲ構造スルヲ得サ《ざ》ルノ地方ハ、学校ニ附属スルモ可ナリ、又ハ寺堂社宇ヲ仮用スルモ可ナリ」といい、要は華を去って実に就き「勉《つと》メテ人民ノ志好ニ投シ《じ》、以テ社会ノ文運ヲ振興スルニ在」る。もし図書館が陸続《りくぞく》と地方に興《おこ》り、その効果の見るべきものがあれば、「政府モ亦其費額ノ幾分ヲ補給スルハ敢《あえ》テ不当ニ非サ《あらざ》ルヲ信ス《ず》」と述べている。

在米国留学生監督**目賀田種太郎**は、文部省刊行の『教育雑誌』（明治九年四月『文部省雑誌』を改題し、同月十七日に第一号を発行）第八十号（明治十一年十月二十五日発行）に「監督雑報第十二号」として「書籍館ノ事」を載せ、そのうちにボストン公共図書館の規則を紹介し、図書館の図書を「其私宅ニ借受クル」条件ならびに手続きをのべ、「通例一人ニハ二週間ニ書ヲ貸付スルヲ以テ定規」とするけれども、著述家その他で理由を説明しさえすれば、「四週間四書ヲ貸付スル」こともあると言い、なおまた「同館ノ統轄スル書籍分館ノ同府〔ボストン〕ニ散在スルモノ十箇アリ」といって対外活動の一端に触れ、「新《あらた》ニ買入レタル書籍ハ、之ヲ館中ニ掲ケ《げ》テ展覧者ニ告知」する弘報活動についても述べ、さらにレファレンスないし読者相談についても記していることは注意すべきである。

B　図書館法規と対外活動

明治十二年九月二十九日（太政官布告第四〇号）に公布された**教育令**は、明治五年の「学制」に代わるものとして、わが国の教育制度史上に重要な意義をもつばかりでなく、その第一条に「全国ノ教育事務ハ文部卿之ヲ統摂《とうせつ》ス、故に学校幼稚園書籍館等ハ、公立私立ノ別ナク、皆文部卿ノ監督内ニアルヘ《べ》シ」と記し、近代日本の教育法規のうえに図書館――書籍館という文字のはじめて見られたものとして、永く記憶せられてよいものである。そしてこの教育令は文部大輔として主に省務を管理し、教育行政の首脳として活躍していた田中不二麻呂が、学監ダビッド・モルレー（David Murray）を相手に研究を重ね、明治十一年五月十四日に上奏した「日本教育令」を原案とするものである。[9] 田中の図書館に対する理解と熱意とは、すでに前段においても述べたところであるが、それが「日本教育令」第七章ならびに第六十七章にあらわれている。いろいろないきさつからそれが、結局は「教育令」の第一条となったものである。

明治三十二年十一月十一日（勅令第四百二十九号）公布された「図書館令」は単独法規として、また久しく日本の図書館界を支配した最初のものとして注意に価するものである。しかし対外活動の面から観察すると、なお粗朴そのものであって、わずかに「図書館ハ公立学校又ハ私立学校ニ附設」できる程度にとどまっていた。この図書館令は昭和八年七月一日全面的に改正公布され（勅令第百七十五号）、その活動分野がいちじるしく拡大されるに至ったことは見のがすことができない。すなわち

9　文部省編　学制八十年史　昭和二十九年　第二章　近代教育の創始

（1）図書館が図書記録の類を「蒐集《しゅうしゅう》保存シテ公衆ニ供」する目的は、「其ノ教養及《および》学術ノ研究ニ資スル」にあることを明らかにし、
（2）図書館に社会教育に関する附帯施設をすることができるようになり（第一条二項）、
（3）商工会議所・農会その他の公共団体も図書館を設置することができ（第四条）、
（4）学校ばかりでなく博物館等にも附設ができ（第六条）、
（5）**分館**を設けることもできるようになった（第八条）。
とくに地方長官が管内において中央図書館を指定する制度（第十条）は、「図書館令施行規則」（昭和八年七月二十六日文部省令第十四号）で、中央図書館の実施する事業（第七条）は、（a）**貸出文庫**等の施設、（b）図書館の経営に関する調査・研究および**指導**（c）図書館に関する**機関誌類**の発行（d）図書館に関する研究会・協議会・**展覧会**等の開催、またはその開催を斡旋することを定め、なお地方長官が必要と認めたときには、中央図書館に図書館職員の**教習施設**を附設させることとした（第9条）。そしてこの図書館令にいう社会教育に関する**附帯施設**とは、（イ）掲示教育、（ロ）講習会・講座・講演会・座談会・展覧会の開催、（ハ）印刷物の発行、（ニ）読書会等の設置を意味し、その実行には他の教育教化団体ないし産業団体とも共同し、協力すべきものというふくみをもっていたのである。そしてこれらの法規が昭和二十五年三月三十日（法律第百十八号）図書館法の公布まで、その効力をもっていたのである。

明治四十三年二月三日、第二次桂内閣の文部大臣**小松原英太郎**《こまつばらえいたろう》は地方長官に対し、図書館に関する注意事項について訓令を発した。そのうちに「規模ノ大ナル図書館ニアリテハ、或《あるい》ハ**分館**ヲ設ケ或ハ**巡回文庫**ノ制ヲ立ツル等、成《な》ルヘ《べ》ク地方一般ニ書籍ノ供給ヲ図《はか》ランコトヲ要ス」といい、また「図書館ノ敷地ヲ交通ノ便ナル所ニ求メ難《がた》キトキハ」同じく分館または巡回文庫の施設をもって「其ノ欠点ヲ補足スルヲ可トス」と述べている。さらに

「図書館ハ**土地ノ情況**及《および》読者ノ種類ニ応シ《じ》、適切ナル図書ノ選択ヲ為サ《ざ》ルヘ《べ》カラス《ず》、例ヘ《え》ハ《ば》工業地ニハ工業ニ、商業地ニハ商業ニ、農業地ニハ農業ニ関シ各必要ナル図書ヲ供給スルカ《が》如《ごと》シ」といって、コミュニティ・センターとしての図書館の注意すべき事がらを懇切に説いている。もちろん全体としては積極的な図書館奉仕に及んではいないが、文部大臣の訓示としては出色のものといえるのである。

　歴代の文部大臣はまたしばしば、全国図書館大会に際して諮問《しもん》事項を提出して答申を徴している。それは時として諮問のための諮問であったりして、その答申がどれだけ強く文部当局に考慮されたかについては問題がある。ともあれ大会参集者のうちには、これらの諮問事項について真剣にとりくみ、討議を重ねたことも事実である。つぎに対外活動に関連のあるものを挙げてみよう。

第十四回（大正八年）　東京市　生徒児童ヲシテ一層適切有効ニ図書館ヲ利用セシムル方法如何《いかん》
第十七回（大正十一年）東京市　図書館ヲシテ社会教化ノ中心タラシムルニ適切ナル方策如何
第二十三回（昭和四年）東京市　労働者教育ニ関シ図書館トシテ施設スベキ事項如何
第二十四回（昭和五年）東京市　図書館ト学校トノ連絡ニ関スル最モ適切ナル方法如何
第二十五回（昭和六年）金沢市　図書館ノ附帯事業トシテ適当ナル社会教育施設如何
第二十八回（昭和九年）東京市　公共図書館ノ利用増進ニ関シ最モ適切ナル方案如何
第三十回（昭和十一年）東京市　一般社会人ノ図書館ニ対スル認識ヲ高ムル方法如何[10]

10　天野敬太郎・森清編　図書館総覧（昭和十三年版）　大阪　青年図書館員連盟

C　分館施設の展開

名称はともかく図書館奉仕の拠点としての分館制度も、早くから当事者の考えにのぼり実践されたのである。

明治九年九月二十二日文部省直轄の東京書籍館は、東京開成学校（のちの東京大学）の構内に、東京書籍館法律書庫を設けた。これは両館所蔵の法律書を「内外人ノ求覧《きゅうらん》ニ供《きょう》シ、且《かつ》、傍《かたわ》ラ東京開成学校法律学生徒ニ特殊ノ便益ヲ得セシムヘ《べ》キヲ以テ、之ヲ該校地内ニ支設ス」るのであって、「此規則ニ照準スル時ハ、何人ニテモ適意ノ書籍ヲ展覧スル」ことができた。この分館は同年五月九日東京開成学校長補浜《はま》尾《お》新《あらた》の請願によるものであって、[11] 明治十年二月東京書籍館が廃止されるとともに、この法律書庫もまた閉館することに決したのである。

明治二十二年三月二十五日文部省は大日本教育会に対し、つぎに掲げる四つの条件を満足させることができるならば、東京図書館（東京書籍館の後身）の蔵書のうちから、通俗に適する普通図書を十年間貸付し、かつ必要な設備の施設にあてるため、手当として一時金五百円を交付するという諭旨《ゆし》を出した。

一　大日本教育会附属書籍館ハ多衆ノ閲覧ニ便ナル地ニ之ヲ移転スルコト

一　該書籍館ノ書庫ハ火災等ノ虞《おそれ》ナクシテ東京図書館ノ是認ヲ受クルコト

一　該書籍館ノ閲覧室ハ少クトモ百五十人ヲ容ルベキモノニシテ昼夜開館ヲ許スコト

一　該書籍館ニハ目録等普通書籍館タルニ必要ナルモノヲ具備スルコト

むろん内部的に話し合いがついてからのちに、文書をもっての正式の交渉措置であることはいうまでもない。

11　上野図書館八十年略史　昭和二十八年　32～36頁

この年の三月一日に東京図書館官制がはじめて公布されたが、この前後の文部省官制・文部省事務章程をみると、高等図書館と普通図書館との区別があった。高等図書館というのは参考図書館であって官立の東京図書館を指し、これに対して普通図書館とは通俗の一般公共図書館をいうのである。東京図書館が参考図書館としての性格を明らかにするため、その普通図書を大日本教育会に寄託して、その附属書籍館を充実するとともに、これを普通図書館として一般公衆に開くというのがこの諭旨のねらいであった。そして同館はすでにこれにふさわしい業績をもっており、東京図書館の分館というわけではないにしても、deposit station とすることにあったことは間違いない。いずれにせよ大日本教育会はこの諭旨により、神田柳原《かんだやなぎわら》土手《どて》の煉瓦建《れんがだて》一棟を借用して附属書籍館をここに移転し、同年七月十五日午後盛大な開館式を挙行した。[12]

東京市が図書館を設置する計画を立てたのは、明治三十七年三月の市会の決議によるものであるが、日露戦争のためにのびのびになり、三十九年日比谷公園の一角に地を相《そう》して建築工事に着手し、四十一年十一月十六日開館式を挙行した。しかも閲覧開始いらい読者の利用は日増しに盛況をきわめ、翌四十二年三月ごろには平日でも満員のことがしばしばあり、土曜・日曜となれば入場することのできないものが多数あった。これよりさき深川区では区教育会が、区費をもって図書館を設備したい意向をもっていたが、日比谷図書館を新設するとき交換条件として、本所・深川両区内にやがて通俗図書館を一カ所設置することに内定していたのである。たまたま東京勧業博覧会の第二会場（不忍池畔）に、東京ガス会社が建設していた瓦斯館《ガスかん》が会後不用となっていたので、東京市はこれを譲りうけ、明治四十二年三月から移転工事にとりかかり、深川図書館として有料ではあるが**開架制**をはじめて部分的にとりいれ、九月十日から閲覧を開始した。

12　竹林熊彦　近世日本文庫史　大雅堂　昭和十八年　上野図書館八十年略史　前掲　79頁

しかし東京市が市立図書館を設置したときの理想は、（a）少なくとも**一区に一館**を設けること、（b）**無料**で**閲覧**させることであった。だから閲覧料を徴収することは、当時の世態《せたい》・人情のやむをえぬこととは言え、当局者にとってはまことに遺憾のことであったにちがいない。そこで**簡易自由**の図書館を増設することとし、これを（c）各区の市立**小学校**に附置し、（d）**午後開館**を原則とする建前をもって四十二年八月、牛込《うしごめ》簡易図書館を同区市ヶ谷山伏町市立市ヶ谷尋常小学校に開いたのを手はじめに、十二月には日本橋簡易図書館を開き、ついで翌年から小石川・本郷・浅草・京橋（のち京橋第一）・下谷台南・神田（のち神田第一）・芝・麻布・四谷・本所・神田第二・赤坂・京橋第二が開かれた。大正二年市立自由図書館として有料の日比谷・深川と区別したが、のちには単に館名を呼ぶこととした。組織機構のことはどうあろうとも、たしかに分館であったことは否定できない。[13]

D　移動図書館の発達

わが国の巡回文庫——巡廻文庫とも書く——とよばれる移動図書館が、いつ・どこで始まったかについては、なお詳しく考えなければならないのであるが、府県立の中央図書館が管内の地域全体にわたり奉仕する方法として、最初に計画され実践されたのは、明治三十五年**秋田県**にはじまるものと見て多く誤りはないと思う。すなわち明治三十二年同県知事として赴任した**武田千代三郎**《たけだちよさぶろう》は、大学時代の同窓であった**佐野友三郎**《さのともさぶろう》を山形県立山形中学校の教師から抜擢《ばってき》し、県立図書館の経営一切を彼に委任したときに着手されたものである。秋田県立秋田図書館は明治十二年十一月に創立されたのであるが、途中に一たん閉鎖されて三十二年十一月に再開されたのであ

13　竹林熊彦　東京市立図書館の史的研究「土」第三十五～三十八号　昭和三十年

る。武田の語るところによれば一向に流行《はや》らなかったのを、佐野の着任によって面目がまったく一新したという。三十四年から三十六年にかけて郡立図書館が郡役所の所在地に置かれ、巡回文庫は「遠隔ノ地ニアリテ本館ニ就キ図書閲覧ノ便ヲ有セザル者ノ為ニ」郡立図書館のあいだを往復巡回するもので、明治三十五年十月から開始されたのである。なお巡回文庫の運搬《うんぱん》に要する費用はすべて県立図書館が負担し、郡立図書館はいずれも創立年度におのおの二百円、次年度からは百五十円の県費補助があったことをとくに附記しておく。

武田千代三郎は明治三十五年二月山口県知事に転任したから、彼の在任中は巡回文庫の計画に参与したにとどまり、その実験は親しく見ることはできなかったであろう。佐野友三郎が武田の招きに応じて山口に赴任したのは、翌三十六年三月であるが、これに先だち同年一月二十日すでに山口県立山口図書館巡回書庫手続が制定されていた。そしてその第一期計画は三十七年一月から、三つの指定巡回路線を通じて、全県下の一市十郡に、くまなく廻付《かいふ》せられることとなった。ここに秋田県に芽ばえた佐野構想による巡回文庫の種が、山口県に確固たる根をおろし、やがてわが国全体に拡がるにいたったのである。

産業組合である**積善組合**《せきぜんくみあい》が、新潟市に創立されたのは明治三十年十月一日であるが、その十周年を迎えた明治四十年十月二日専務理事**桜井市作**《さくらいいちさく》は、記念事業として巡回文庫をつくり、これを組合に寄附することを発表した。そして積善組合はこれを継承して運営に当たることとなったが、当時新潟県には町立一私立七計八の図書館があっただけで、県立図書館もなく郡立図書館もなく、いわんや移動図書館を考える人もいなかった。四十一年積善組合巡回文庫は図書館令による私立図書館の組織をとることとして五月文部大臣に開申《かいしん》し、六月にはほぼ準備ができあがったので十七日に文庫発送記念茶話会を開き、翌十八日をもって十個の文庫が一斉につぎの閲覧所に送り出された。そして一年後の四十二年六月読書の普及をはかり、かつこれを奨励するため、各閲覧所で最も多く文庫の図書を閲読した児童と青年とを表彰した。

郡立佐渡巡回文庫が創立されたのは明治四十一年十二月のことで、郡内の小学校に文庫を送り、それを中心に地域の読書を鼓吹奨励《こすいしょうれい》し、四十三年に設立された刈羽郡《かりわぐん》農友会農業図書館も冬季巡回文庫を出して農家の子弟に読書をすすめ、南蒲原郡《みなみかんばらぐん》加茂町《かもまち》の私立養徳《ようとく》文庫も大正二年五月から巡回文庫を実施した。また四十五年三月中蒲原郡《なかかんばらぐん》川東《かわひがし》小学校に附設された川東図書館も、巡回文庫五個を村内の青年会各支部に廻附《かいふ》していたし、新潟県警察部は県下の各警察署に巡回文庫を送っており、中蒲原郡役所も郡内町村役場に巡回文庫を送っていたということである。これらはいずれも積善組合巡回文庫の影響とみてよいであろう。[14]

大阪府立図書館では明治四十二年の夏、大阪市の小学校（高等小学校をふくむ）の夏期休暇を利用して、**臨時巡回児童文庫**を施行した。その目的は主として小学校児童に読書の機会を与え、娯楽のあいだに読書の趣味を養い、あわせて図書館を紹介すると同時に、図書館を利用することが必要であることを知らせるにあった。そしてこの計画は北区に大火があったため、その巡回日割の一部に変更を余儀なくされたほか、すべて予定どおりに八月一日から二十八日まで進行することができた。

巡回文庫の図書はすべて大阪府立図書館の蔵書から、児童専用のものを選んで総数九百三冊を、幅二尺深さ八寸・高さ九寸の木製の移動書函十二個におさめ、運搬用と陳列用とを兼ねさせ、これにカードの分類目録と図書検索案内などを添えて、一つの独立した巡回文庫をつくりあげた。その結果を総合すると閲覧日数二十八日、閲覧人員八、六百二十二人（男五、三百六十一、女三、二百六十一）。一校平均六百二十四人強・一日平均三百七十人強、閲覧図書の冊数は三十八、百九冊一人平均四冊半、巡回文庫図書総冊数の四十二倍に相当する書物が読まれたわ

14 竹林熊彦　巡回文庫の史的研究「土」第三十二号　昭和二十九年五月
全国高等専門学校図書館協議会会報　第三号　昭和二年七月
田村盛一　山口図書館五十年略史　昭和二十八年

けである。しかも事故は五校で、すべて六冊の紛失図書があったにすぎない。[15]

なお『宮城県図書館創立四十年記念誌』によると、明治四十四年八月同県立図書館では仙台市内の各小学校と協議し、同館の児童図書千百冊を巡回組織とし各学校で児童図書館を聞かせたところ、夏期休暇一カ月のあいだに約三万人の児童が四万冊の図書を閲覧したということである。[16]

15　官報　明治四十二年十月二日
16　竹林熊彦　学校図書館の史的研究「土」第三十三号　昭和二十九年七月

3　対外活動の内部的準備

I　図書館奉仕の改善から

図書館の対外活動は図書館奉仕の拡張であり、図書館奉仕をなし遂げるために適当な方法や手段を講じて、図書館活動を進展させることである。「自己改善への努力」を出発点として、「弘報活動の企画」までがその準備期間である。このように考えると図書館の対外活動は、これを対社会――一般公衆への段階から出発したのでは、よい結果が得られるとは予想できない。いくら図書館が有用な機関であると説いても、図書館奉仕が一般公衆の反響に応じきれないとすれば、対外活動は空廻りをするだけである。そこで対外活動に着手する前にまず、図書館経営の方法と図書館資料について、じゅうぶんに検討し、内部的準備をととのえておかなければならない。そしてその限界内における図書館奉仕の改善からはじめるならば、対外活動はもっとも経済的なものとなり、またもっとも正当なものとして一般からうけとられるであろう。対外活動は「真実の原則」によるものでなければならない。

図書館奉仕は一般公衆に**最大の利益**を与えるものであるばかりでなく、**最小の不便**をもねらいとすべきである。どこの図書館へいっても、いろいろの制限があり固くるしさがあり、厄介な規則や必要と思われないような手続きがあるものである。それらの規則や習慣は、それを守ることが一般公衆にとっても図書館職員にとっても、より多くの不便となるものであるならば、それらはまず廃止するか改良しなければならない。どのような規則でも直接に間接に一般公衆に利益となるものでなければ、それは正当であるとは言われないのである。例えば、どの図書館でも一定の期日が経過すれば、借受図書は返納しなければならないという規則がある。それはもしこの規定がなければ、図書の借受者が他人の必要とする図書を、不当にかつ不必要に、長く手許に留めておくことになって、一般公衆の利益に反するからである。もしそれらの図書が他の人びとのあまり要求するところのものでなく、またその要求が予想されないばあいには、その返納を主張する理由は存在しないのである。強いてそれをすることは官僚的杓子定規である。それであるから図書館規則をときどき検討して、一般公衆への図書館奉仕に役立つよりも、むしろ妨げるとなるものがありはしないかと、調べることは賢いやり方である。

著者はむかし、ハワイ公共図書館に図書借受の申し込みをしたことがある。同行していた同僚が保証人になってくれたのであるが、この図書館は申し込み後一週間たたなければ、ティケットを発行しない習慣であった。それは借受者ならびに保証人の資格を調査するために、それだけの時間を必要とするからである。著者はその日どうしても読みたいと思う書物を見つけ出したので、その理由をのべて、つぎに図書館を訪問する日が待ちきれないのであると言ったら、受付の婦人司書――あるいは図書館長であったのかも知れない――は快くそれを承諾して、必要な手続きをすべて済ましてくれ、まことに愉しい印象をうけたことを今でもありありと記憶している。図書館の図書借受申込人が、すでに図書館の読者でありながらティケットを紛失したため、新しい読者になりすまして申し込みをしたり、また規則違犯をした前科者が保証人となっているのではないかを取調べるために、この習慣が作られたのである。もし図書の借受申込人のうちに、このような不届者の率が高ければ、すべての申込人はティケットの発行を、ある期間待たなければならないであろう。しかしそれがほとんど取るに足らぬほどの低率であるならば、このやり方は弁護の余地のないほどムダな束縛といわねばならない。

神戸女学院の図書館の読書室には、入室者の姓名を自署する帳簿が置かれてあったのをみたことがある。この方式はイギリスの図書館でも行われていると聞いているが、それは（い）入室者の数を容易に知ることができるのと、（ろ）事故が起こったときに、糺明《きゅうめい》する方法を講ずる便宜があるということからきたのであるという。ところがまた不都合と思われるものがある。（イ）図書館利用者のうちには面倒くさくおもって、これを守らないものがいたり、中にはまったくそれを無視するものがある。（ロ）また自署の理由がハッキリしないために、お役所風だと誤解して不快に感ずるものがある。（ハ）時間がムダだと――ホンの僅かの時間であるのだが――つぶやくものもいる。総体から言えば利用者の多数は、このような規則に苦情をもちこむほどに神経質なものではないのであるけれども、迷惑だとかジャマくさいとか考えるものも時にはある。一般にいって入室者の統計というものは、読者の便利の前には取るに足らぬ事がらとも言える。また神戸女学院のばあいは別として、事故をおこすようなものは決して本名を書かないで仮名を使うから、イギリスでも入室著名簿を備える必要があるかどうかは疑わしいと主張する論者もいるということである。つくった規則は、是が非でも強制しなければならぬと考えるのは、法治国のあり方ではなく、法匪《ほうひ》のやり方と見るべきではなかろうか。

参考図書館の多くでは、読者の利用したいという図書をスリップに書きこませる習慣がある。それは大図書館では必要であるかも知れないが、他の図書館がすべて必要であるとは限らない。ただそれは普通の方法だからという理由で、それが許されているだけなのである。わが国でも帝国図書館の方式を猫も杓子も、どこの図書館でも大小にかかわりなく真似た時代がある。それがわが国の図書館奉仕をおくれさせたと、思いあたるふしがないでもない。ある図書館で必要とする条件が、他の図書館でも同じように必要であるとは限らないのである。

一般の読者が図書館のいろいろな方法や手続きから受ける**印象**は、決してバカにできない結果を生ずるものである。図書館は官僚的であるとか、不必要な規則で束縛するとか、読者の要求を満たしてくれないとかいう声が高じてくると、図書館は読者と友好関係を結ぶ希望がまったくなくなってしまう。これが一番おそろしいことなのである。図書館職員が縁の下の力持ちになってつくり上げた図書館奉仕のすぐれた点は、案外多くの人びとの注意をひかないで、ほんのひとりかふたり自分の読みたいと思う図書の貸出を拒絶されたり、入室簿に無理やりに自署を要求されたりすると、そのほかにも窮屈《きゅうくつ》なことが沢山あるのだろうと想像して、図書館の奉仕は時代おくれのお役所風だと悪評を吹聴して歩くものがでてくるのである。それだから図書館の規則は、できるだけ制限を最小程度にとどめ、むしろ読者の良識に信頼して廃止の方向にもってゆくようにすべきであろう。

読者のうけるよくない「印象」とは反対に、著者がハワイの図書館で経験したような好い「印象」を受けたものも、多くの図書館利用者のうちには少なくないであろう。図書館規則に忠実な読者であって、その理由の筋道さえ通れば、帯出図書の期限を、例外的に延長することを考えてもよいのではないか。但し他の利用者から請求のあったときには、むろん直《ただ》ちに返納するという条件をつけたらよいのである。また特別の用途のために必要であるというならば、「禁帯出」の参考図書を自宅にもち帰ることを（閉館時から翌日の開館時まで）許してもよいであろう。あるいは普通の貸出図書の冊数よりも、多少増加することを特別に認めてもよいのではないか。要は読者がその要求を率直に表明し、特別な取計らい方を申し出るように勇気づけることである。この際、この申し出に対して図書館もまた融通無碍《ゆうづうむげ》の態度に出るべきであろう。

Ⅱ　好ましい環境の整備

図書館奉仕の場として閲覧室・事務室はもとより、建物とその周囲など、すべて環境を整頓《せいとん》し美化しておくことは、対外活動の前提としてひじょうにたいせつなことである。清潔で明るい建物は、道ゆく人たちを自然とその方へ足を向けさせるものである。夜間の正面玄関には、とくに電灯を明るくする必要があろう。また建物全体も、煤《すす》ぼけているという感じを避けることが望ましい。そうでないと図書館奉仕までが、じじむさいのではないかと疑わせることになる。

わが国の図書館の入口玄関には、しばしば受付や守衛が配置されているのを見うける。これも事情やむを得ないことにちがいないが、もしホテルのドアを押してはいったときと同じ感じを、図書館にももつことができれば、どんなに爽快な気持ちに満たされることかと、常に想像するのである。建物の改造は困難なことにちがいないが、ゆとりのある玄関入口は無用の浪費でないことを、これからの図書館建築設計者は記憶しておいてよいのではないか。窓ガラスがよく拭《ふ》きこまれていて、光線がじゅうぶんにとりいれられ、塵《ちり》一つとどめない室は、考えただけでも愉しいものである。読書室・参考図書室は換気に注意しないと、頭痛がするとか目まいが起こったとかいう読者の苦情が、そこに原因することがある。そして不慮《ふりょ》の急患が発生しないとも限らない。総体として図書館を魅力のある感じのよいものとすることが、図書館奉仕の第一の要諦であり、対外活動の準備とも言えよう。

そのためにはもし壁面に余裕があれば、**室内装飾**を考えなければならない。それも細心の計画を立てて（い）室にふさわしい種類のものを選ぶこと。（ろ）数多くごたごたしているよりもスッキリしたものが望ましい。（は）室全体の構成から書架の配置などを考えて、高さなり大きさなり位置をきめなければならない。（に）図書館は美術館ではないのだから、押しつけがましい印象は避けなければならない。（ほ）飽くまでも装飾の意味であるのだから、画面が小さすぎたり、手のこんだ細密画は不向きであろう。（へ）郷土画家の作品は特別な意義がある。児童室は余裕も多いし、かつ単なる装飾的意味ばかりでなく、よい美術品を鑑賞させて、年少者に美術眼を養わせるというところに価値がみいだされる。

有名な著者の肖像画も装飾的価値をもつし、また図書館としてはふさわしいものであることは言うまでもない。かつてどこかの図書館で、欧米の文学者の肖像画を閲覧室でみた記憶がある。わが国の文学者についても、同じ計画があってよいと思う。よく知られた著者の著書の並んだ書架に――夏目漱石を一つの例にとれば――その著者の肖像写真が、ブックエンドと一緒に並んでいたら、恐らく読者はそこに、ちょっとでも足を留めるにちがいない。これは文学者・小説作家に限るのではない。仙台のある学校図書館を見学したとき、郷土人の写真が小伝を書いた紙片とともに展示されていたのは、時にとってまことによい思いつきという印象が残っている。ノン・フィクションの著者についても、くふうを凝らせば百パーセントの効果をおさめることができるであろう。

美術展覧会場にはよく植木鉢が配置されているのを見うけるが、図書館は美術展覧場とはちがうからといって、故意に植木鉢を敬遠する必要はない。例えば新聞雑誌室は一鉢の植木のあしらい方しだいで、その無味単調を破ることができるし、それが読者の気もちをやわらげ行動にも反映するのである。図書館職員のうちに植木の手入れに興味をもち、それを特技とするひとがいれば、その人のレクリエーションに信頼してもよい。イギリスのある都市では公園課の配慮で、季節とりどりの植木鉢が引き代え引き代え、図書館に送り届けられているということである。

日本の公共図書館のようにゴミゴミざわしたところでは、切花・盛花・造花が適当であるかどうかを知らない。かつて九州大学図書館の自由閲覧室に、菊の鉢植《はちうえ》を二つ置いたことがある。その一つは懸崖《けんがい》で、いずれも小使さんの丹精になるものであった。最初は実を言うと多少の不安が伴わないでもなかったが、それが見事に裏切られて二カ月のあいだ、円卓の上で王者の姿をほこっていた。学校図書館の挿し花がいく日もいく日も、事故をおこさないであるところをみると、一度このような習慣ができれば、あとは大した心配はいらないものと思われる。せめて事務をとる場所には、一輪の切花でよいから常に置いておけば、職員の心をやわらげ、なごやかな気持ちで図書館奉仕にいそしむことができるにちがいない。

図書館の特別室というのは、読者のための読書室・参考事務室・職員の日常事務をとる執務室以外の目的に供するところで、とくに図書館の建物を利用する**求心的対外活動**には欠くことのできない施設である。友好団体の集会場に利用されることは、むろん歓迎すべきであるが、そのような会合がしばしばあるとも考えられないばあい、特志者のための研究室・著述家のための執筆室・児童生徒たちの宿題作業室などに充てることが考えられる。図書館ではまた日本人の生活と直接に結びつく雨の日の傘入れ、下駄箱などの問題があり、自転車置場のことも考慮しなければならない。

神戸市立図書館は建物に接して空地があり、読書に疲れた人たちの憩《いこ》いの場所になっていた。大倉山《おおくらやま》から眺める港や街の景観も、いつもざわめく生活の中から脱《ぬ》け出してみると、ひとしおの風情があろう。このような空地をもつ図書館では、灌木《かんぼく》を植え花壇をつくり、石を置きベンチを並べて小公園風にしつらえ、読書室との通路を開放しておくならば、読者の喜ぶところとなるであろう。日本の図書館は、そこで読書することは許さないであろうが、夏のひととき涼しい風に吹かれるのも快心のことである。但し昼寝無用と心得ねばならぬ、図書館の外観と内部の施設とに、そつのないということが、対外活動に多くの人びとを引きつける第一歩となるのである。

Ⅲ　蔵書構成はいつも新しく

図書館の読者は、常に新しい図書を、いつでも備えてほしいという願いを抱いているものである。新書！新書!!とたえず要求しつづけているのである。しかし図書費に割り当てられている金額は、いつも不足勝《が》ちなのである。それでできるだけ代表的な図書を手にいれ、満足してもらおうとするのは相当の苦労である。もともと読者の要求する「新しい図書」というのは、可《か》なり誇張されて伝えられているのであって、一般公衆の図書館に対する一種の神がかり的「ご託宣」ともいうべきものである。絶対的に新しい図書を必要とする部門はごく僅かであり、スタンダード・ワークと言われるものは、相当の年数を経て価値が認められたものである。また小説の部門にしても、本当に人気のある著者というのは、十年ないし二十年——それ以上でなくても——読者にもてはやされている作家である。だからいちいち読者の要求に追従しなくとも、またそれに神経をつかわなくともよいのである。

しかし読者の「新しい図書」への要求が厳《げん》として存在する以上、図書館はこれに応ずる義務がある。その一番よい方法は、読者に図書館の蔵書構成が常に新鮮（up-to-date）であるという「印象」を与えることである。こう言うと、あるいは皮肉に聞こえるかもしれないが、それは図書館が図書費を浪費しないで、しかも図書館に一般公衆を引きつける方法を、別途から講ずるということである。

1　まず読者に、図書館には時どき新書が増加している事実を覚らせるようにするのである。例えば図書館報で増加図書を知らせるなり、新聞にその事実を報道してもらうなり、ポスターをつくるなり、増加書目を編集して配布するなりするのである。新着図書はたいがい直ぐ借り出され、長く書架に留まることが少ないから、書架のようすに変化が起こらなくとも、誰も怪しむことをしない。読者は図書館の真実の情報を信頼して、新書に充当される費用の大小は問題にしないのである。

2　ブック・ジャケット——表紙のカバーは棄てないで、掲示板その他多くの読者の目につきやすいところに展示する。新書入手の事実を実際に証明するのである。

3　新規に購入した紙装幀の小説類は、すぐ製本し直すことを避け、新鮮さを残しておくべきである。図書館製本というものは、利害あい半ばするのが常である。多くのばあいに図書館製本は、出版社の装幀とくらべるとモッサリした感じを与えるものである。たとえ新刊の図書であっても、図書館製本をして書架に並べておくと、いかにも古色蒼然《こしよくそうぜん》とした印象を与えるものである。読者は好むと好まないとにかかわりなく、一般に図書館製本の新刊書には魅力を感じないものである。

4　時には廉価《れんか》の特価本――新刊図書のダンピング――を考慮することもよい。出版されて半年と経たない新本が、半額ぐらいの値段で手にいれることのできるのは、図書館としては経済的に有利である。古本屋を漁《あさ》れば標準図書のま新しいのを発見したり、人気作家の評判のよい著書で、装幀のしっかりした新本にちかいものを「掘出す」ことがある。

5　一番だいじなことは、古い時代おくれの図書を除くことである。とくにノン・フィクションの部門に必要である。これらの「間引」いた図書は「別置」するなり、「疎開」させるなり、いずれにしても目録カードだけには留めて置いて、必要なばあいにはいつでも取り出すことができるようにしておく。役に立たない時代おくれの書物ぐらい、読者に悪い印象を与えるものはない。これらの図書があるために、役に立つ書物の利用が妨げられ、読者の時間がムダに費され、書架配列の順序が混雑したりするのである。[1]

6　蔵書の一部を時どき書架についてとりかえるのである。標準図書はむろんそのままとして、その他のもののうちから必要と思われるものを選択して残し、他を移して「別置」し、すでに「別置」または「疎開」してある図書のうちから、さらに必要なものを選択（re-selection）して補充するやり方である。「たらい廻《まわ》し」と非

1　竹林熊彦　図書の選択　蘭書房　昭和三十年　Ⅶ　図書の陶汰と蔵書の更改

難されるかも知れないが、案外ヴァライティを与え、新鮮さを加えることがある。図書館に来る読者はその度ごとに、同じような古い本が並んでいても、これを眺めて退屈しないものである。

7　新刊ヌクヌクの図書が書架にあるということは、何といっても大きな魅力である。アメリカの図書館では図書の出版された発行日に、その図書が直ちに一般読者の手に渡ることを誇りとしているということであるが、まことにビジネスライクで羨《うらや》ましいかぎりである。そのために図書館長は、必要な図書をいつでも、できるだけ早く購入する権限が与えられていなければならない。

8　新刊書架あるいは新着書架をつくることは、今ではもう図書館の常識となっているようである。新着図書はこれを特別の書架に別置しないで、すぐ普通の書架に納めるほうが、その部門に属するすべての資料がととのうわけである。とくに新刊の重要な資料が、その部門から抜けていることは望ましくないという理由で、新着書架に反対するものもある。しかし新着書はせいぜい一～二週間しか別置されていないのである。また図書館の書架が、ある部門の資料全部を、完全に網羅しているということは絶対に無いといってよい。一部の特殊専門図書館を除いて、多少の差はあっても、館外貸出が全然ないという近代図書館は想像されない。

しかし**新着書架**を通じてわれわれは、**(イ)** 読者に図書館は新書を購入していることの強い印象を与える。**(ロ)** 新書に常に注意している読者に、図書館はどの範囲で・どのくらい図書を購入しているかについて正しい観念を与える。**(ハ)** 新書だからというだけの魅力で、読書の意欲を起こすものに読書の機会を与えるのである。これらの新書は **(い)** 展示と同時に読者に貸出したらよいのか。**(ろ)** 一定の期限ののちでなければ読者に貸出さないほうがよいのか。あるいはまた **(は)** 毎週月曜日は新着書展示の定日として、その週間だけは貸出を拒んだらよいのか。それは図書運用の問題であり、図書館政策の問題であり、にわかに判定を下すことは差し控える。ただ著者は何事であれ、「野暮」なやり方に賛成しがたいのを信条とすることを申し添えておく。

９　新着書架とならんで「特別書架」をつくり、ときどき取り換えることもよい計画である。すなわちスタンダードの小説類をとり揃《そろ》えるとか、外国小説の代表的翻訳を集めるとか、ある特定の時代なり人物を取り扱った図書とか、スポーツに関する図書とか、著名な作者の処女作を集めておくとか、時事問題の図書などを展示すると、それがじゅうぶんに選択されていて、腹にもたれるような重っくるしい脂《あぶら》ッこいものでなければ、読者の興味をそそり、まず第一にその書架に急ぐ常連の読者もあることであろう。ことに名高い著者が死亡したときとか、あるいは忌辰《きしん》・誕生日に相当したときには、その著作を集め、これに簡単な事歴を記した紙片を添え、肖像画なり写真をつけ加えておくと、読者の注意をひくにちがいない。

蔵書の構成をつねに新しくするということは、新刊図書をふんだんに買うということばかりではない。読者の目さきをかえること、新味を加えるくふうをこらすことをもふくむものである。図書館奉仕は読者の立場に立って考え、相手の身になってみるところからはじまるのである。この感覚を身につけていない対外活動は、たいてい空念仏に終わりがちなものである。

Ⅳ　対外活動はティーム・ワークで

図書館の対外活動は、まず現実の読者に対する図書館奉仕を、じゅうぶんに満足させることから出発しなければならない。手近のところからはじめて遠いところへ、順次に伸ばしてゆくことを第一に心掛けなければならない。まず「自己改善」のよい実を結ばせてからのちに、一般社会へ呼びかけるのでなければ、仏つくって魂を入れないのと同じである。たびたびいうように、どんなにうまいことをいったところで、それに真実の裏づけがなく、本当の姿がともなわなければ、一般公衆に理解させることもできないし納得させることもできない。いわんや支持されることは無理であろうし、信用をうることも困難といわなければならない。

日にちの新聞をとりあげてみると、そこに社会の「声」が語られ、主婦たちの「ささやき」が述べられている。新聞は読者と会話しているのである。一般公衆が官公庁――郵便局・区役所・税務署・交番、企業会社――銀行・ガス・電気・切符うり場・電車の車掌さんなど、幹部の職員はもとより、集金人・受付のおっさんの態度やことばからうけた印象なり感情なりが、遠慮なく「投書欄」にぶちまかれている。ラジオの「私たちのことば」もそうだ。そうかと思えば行きずりの店員や、「土産もの屋」のおばさん、高校生の行動から受けた親切や、ゆかしさが「美談」として伝えられている。このような個人の感情が国民的感情に発達し、やがて輿論をつくり出すのである。民主主義の世界においては政治であれ民間の企業であれ、すべて何らの権威に動かされることのない個人の自由な判断にもとづいて批判され、その支持をうけてはじめて、きびしい生存競争にうち勝つことができるのである。図書館もその例にもれるものではない。図書館職員の態度・言説・行動が対外活動を効果あらしめる基本的な、もっとも重大な要素であるということができる。

さきに述べたように図書館の環境を心地よいものとし、室を清潔にきれいにし、換気をじゅうぶんにし、照明をあかるくし、植木鉢を置いたりするのも、ともすれば殺風景になりがちな建物をいくらかなりと和らげ、焦燥・不安にかられることのないように読者の心にゆとりを与えたいからである。その上に図書館職員の読者に対する応接態度が親切で、丁寧で、わかりやすく、優しく、テキパキとしていればそれこそ鬼に金棒で、読者に与える印象なり影響は物的要素よりもはるかに人きいものがある。図書館全職員のかもしだすこのような雰囲気は、ティーム・ワークによって作られ浄化され強化されていくものである。諺にも「灯台もと暗し」といわれ、とかくに足許がおろそかになり、職員間の関係が円滑を欠き、歩調が乱れがちになると、それが対外活動の盲点ということになるのである。

ティームにはキャプテンがあって作戦を練り、その方針にしたがっておのおののメンバーは、それぞれのポジションを守って全体に協力し、守備に攻撃に、それぞれの活動が直ちにティームの勝敗につながる鍵となるのである。この自覚とほこりとを忘れて、勝手にスタンド・プレイをすることは許されない。そればかりか、それは選手として恥辱である。さらにティームには監督というものがある。勝負は相手あっての戦いである。どのような緻密《ちみつ》な作戦計画を立てたところで、すべてがその通りに運ぶものとは限らない。形勢が一変して非となるばあいがある。監督はこれに対応するために機宜《きぎ》の措置を講じ、効果をあげなければならない。ピンチヒッターをくり出すこともあり、投手を交代させなければならないこともある。そしてティームの選手もひとりびとりが、安心してベストを尽し得るような状態と組織とにしなければならない。そして最後の最後に勝負のきまるまでは、決して「投げ」てはならないのである。逆転がある、奇跡が起こるのである、スポーツマンシップの厳しいおきてが存在するのである。

対外活動は図書館奉仕の進展であるから、図書館の組織全体をあげてこれに当たらなければならない。その組織内にあるすべての人びとと、その人びとのもろもろの営みとが、直ちに図書館奉仕の実体となって一般公衆に反響するのである。図書館奉仕ということばこそ新しいが、サーヴィスということばは日常ふだんにこれまでもしばしば用いられ、商売人・接客業者の独占であるかに考えられていた。民主主義の世界において官公庁の仕事は、すべて国民への奉仕である。公務員は国民の信託によって公務を処理する公僕なのである。図書館もまた同じことである。図書館に来る読者はすべて、ひとりびとりが図書館のだいじなお客さま（patron）なのである。そのお客扱いのいかんによって、図書館の声価がきまるのである。館長から守衛・作業員にいたるまで、図書館の政策や経営方針を知悉していて、それぞれの地位と職務と責任とにおいて、共同意識のもとに実行に当たるのでなければ、対外活動の実際的効果をおさめることはできない。むずかしい理論や技術は別として、誰でも容易にやれるサーヴィスの面も少なくないのである。あるいはそうした面が、図書館の対外活動として、一番たいせつなことであるかも知れない。

V　対外活動の組織

対外活動はどんな種類の図書館でも、やろうと思えばやれないことはない。またやらなければならないことであり、やることが要求されているのである。しかし、すでに「対外活動の種類」において触れたように、相当に広い範囲にわたるものであり、また奥行もふかいものがある。したがって都道府県の中央図書館ないし大都市の図書館のように、奉仕の対象となる地域が広く住民の多いところに、活動の機会が多く恵まれていることは、すでに過去の実験と実例とがこれを証明している。

大規模の図書館は多くのばあい組織が大きく、したがって相当の部門にわかれて分業化し専門化し、職員の数も少なくない。しかも対外活動の実行には、統一性と計画性と持続性とがたいせつである。言いかえるならば図書館の対外活動というティーム・ワークに、統率の中心となる監督が必要であり、機略従横《きりゃくじゅうおう》に企画するキャプテンが必要であり、手足となって活躍する選手のメンバーが必要なのである。しかも対外活動は図書館組織の一部をなすものであって、他のすべての部門ともつながりをもち、図書館全体の生活と不可分の関係にあるものであるから、どのように組織したらよいかが重要な問題である。しかしこれも定型があるのではなく、それぞれ地方の事情により、また図書館の政策なり経営方針から編みだして、実験の結果に徴し、情勢の変化によってこれを

徳島県立図書館(憲法記念館)機構

(第1表)

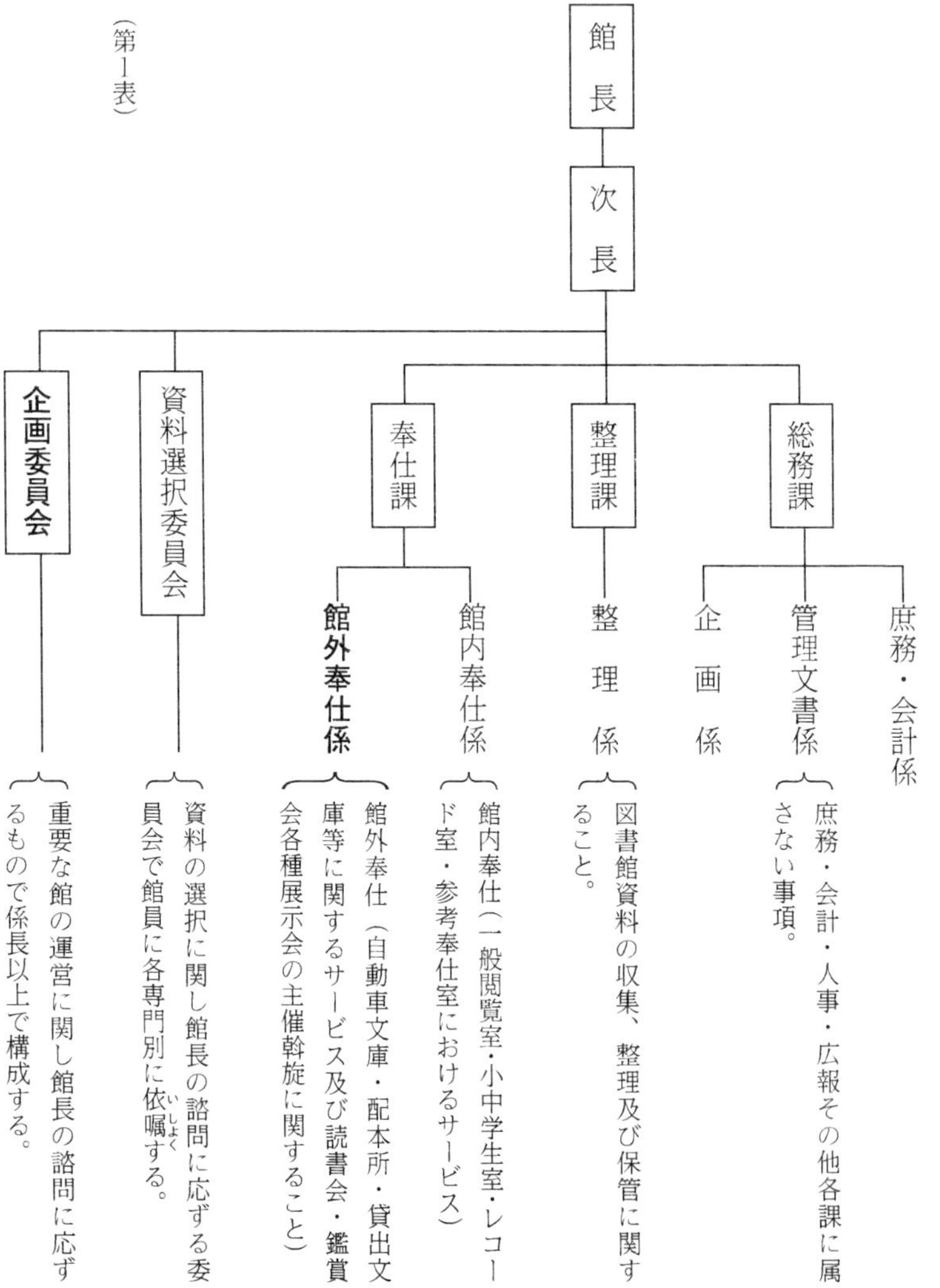
館長
次長
企画委員会
資料選択委員会
奉仕課
整理課
総務課
館外奉仕係
館内奉仕係
整理係
企画係
管理文書係
庶務・会計係
庶務・会計・人事・広報その他各課に属さない事項。
図書館資料の収集、整理及び保管に関すること。
館内奉仕(一般閲覧室・小中学生室・レコード室・参考奉仕室におけるサービス)
館外奉仕(自動車文庫・配本所・貸出文庫等に関するサービス及び読書会・鑑賞会各種展示会の主催斡旋に関すること)
資料の選択に関し館長の諮問に応ずる委員会で館員に各専門別に依嘱《いしょく》する。
重要な館の運営に関し館長の諮問に応ずるもので係長以上で構成する。

高知市立市民図書館機構　(第2表)

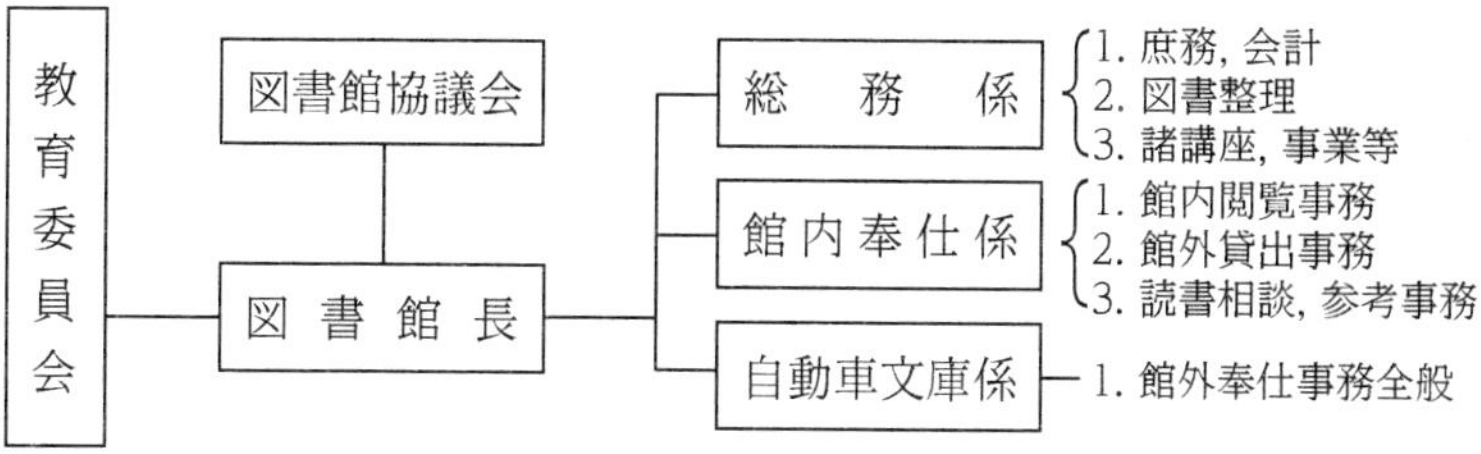

改編することによって進展させなければならない。

1 対外活動の責任者はいうまでもなく図書館長である。しかし図書館長は図書館の全体にわたって総轄《そうかつ》し、責任をもつものであるから、対外活動の中心として専念することは困難であり無理でもある。したがってばあいによっては副館長（館次長）が執行者となることがある。だからと言って図書館長の責任が解消されたというのではない。実務の中心でないというまでである。対外活動という図書館政策の重要な部門について、もし図書館長がじゅうぶんの理解を欠き、図書館経営の中核体について熱意がなくては、図書館奉仕の活用に冷淡なものとして、その資格を欠くということになる。だからといって図書館長が陣頭指揮と称して、バタバタ・ウロチョロと何から何までもつまみ喰いするような、ワンマン主義にも賛成しかねるのである。

図書館法が公布されてから図書館奉仕が高く評価され、対外活動が強くとり上げられて広く喧伝《けんでん》されるようになったことは、まことに喜ばしい事実である。ところが、これはホンの道聴塗説《どうちょうとせつ》にすぎないのではあるが、ライブラリアンシップに理解の乏しい、封建性を脱しきれない官僚くずれの敗残兵が図書館界にもぐりこんできたり、学校教員あがりの古手がまぎれこんだりしているため、多少は図書館の知識はもっているにしても、実務の経験が不足しているために見当ちがいのトンチンカンなことが起こったり、情熱を欠いているために効果があがらないという話がある。せっかくの図書館奉仕がピンボケしていて、対外活動も真似事にすぎないという批評を耳にするのである。

2 このような欠陥をなくし矛盾を補うために、対外活動の**企画委員会**または企画会議をもつことは一つの方法であろう。むろん図書館全体としての協議会があり、企画委員会があってよいのであるから、特別に対外活動だけのための企画委員会は、屋上屋を架するものとして必要がないかも知れない。いずれにせよ局部課長・係主任などの幹部職員は、少なくとも毎月一回あるいは毎週一回は定期に会合して、それぞれ担任部門の状況を話しあって関係部課との連絡を密にし、そのあいだの調整をはかることが望ましい。そしてそのときに共通の問題が懇談的に討論されるであろうが、対外活動の企画も同時にとりあげて討議するようにしたい。図書館長は必ず出席して指導しなければならないが、独裁であってはならない。すべての人びとに発言の機会を与え、結論を急ぐことをしてはならない。なお一般職員の建言制度《けんげんせいど》についても触れなければならないのであるが、図書館行政の課題としての他日とりあげる機会もあろうと考えて割愛することにした。

3　つぎに対外活動を実際に**担当**する**機関**が組織されなければならない。ここにも主任があって全体を統率し、指導するようにしなければならない。主任は同時に企画委員会に出席して全体の政策決定に参与し、首脳部とも直接につながる地位にあるものでなければならない。対外活動の分野は広いのであるが、どの図書館でもそのすべてをとり上げるわけではなく、またその必要があるのでもない。しかし主任は対外活動についての全般的知識をもち、適確な判断力を備え、かつ実行力の伴う人でなければならない。部下を動かす能力をもち、外交的手腕に富み、人に好かれる性格でなければならない。

4　監督ができキャプテンがきまったら、選手を**職員**のうちから選ばなければならない。適材を適所に配置することは人事管理の要諦である。対外活動に向く人と向かない人とがある。感情に走る傾向のある人物は、一般に対外活動には向かないであろう。ある種類の対外活動には適するが、他には不適当であるというひともあろう。話術の下手な人は講演会・座談会の司会は勤まらないであろう。とにかくベスト・コンディションのものでなければ、ティームの一員としては不適格である。それぞれのメンバーについて（い）性格をしらべ、（ろ）学歴――専門学科と特技を考え、（は）図書館経験などから、対外活費に必要な素質をもつ職員について考慮したらよいのである。

Ⅵ　職員の訓練はできているか

A　奉仕の心がまえ

たびたびくりかえして述べたところであるが、図書館は図書館資料を媒体としてこれを利用する読者という人間と、これを供給するために図書館を運営し管理する図書館職員――司書という人間とが、人間的接触によって営まれる場であり、また地域社会の人びとによって財政的にも支持される社会的教育的機関である。このような反省のもとに図書館の支持にしても、図書館の経営にしても、すべてが人間と人間とのふかい理解と信頼とに基づくものであることを再確認し、この新しい認識から図書館の奉仕活動が生まれてくるのである。

対外活動は図書館奉仕の**接点**であり、「取引の先端」である。したがって対外活動に従事する職員は、図書館の具備する品位について、また図書館のかもしだす雰囲気の与える印象について、ふかく責任を感じなければならない。対外活動の第一歩はまず職員を訓練し、適正な性格と態度とをもち、正しく運営する人物を配置するのでなければ、被害をうけるものはひとり一般公衆であるばかりでなく、図書館全体の価値と名声とを傷つけるものである。このことはどれだけ強調したところで、強すぎるということはない。

図書館の職員は一般公衆に対して、正しい態度をとらなければならない。正しい態度とは正しいことを正しい方法で、正しい時に正しく行い、正しく言うということであると言われている。図書館の職員は読者に、彼らを最高度に援助するために義務を果たしている――しかもそれは愉しい義務であるという印象を与えなければならない。そのためには読者に図書館の職員が忙しすぎて、自分たちにかまってくれないのだと考えさせることはよくないことである。例えば他の読者と用談しているばあいは別として、別な仕事をしていて、そのため読者を待たせるということは、悪い印象を与えるものである。

読者のためにその求める図書を選択し、あるいは探し出してやることは、レファレンスや読者相談を担当する図書館職員の正当な義務にちがいはない。しかし相手の自尊心を傷つけない心づかいがたいせつである。読者の考えているよりも高度の図書を出したりすれば、その人は赤面するであろう。また余りに程度が低すぎると、読者の誇りを傷つけたことになるであろう。「適書を適者に適時に」(The right book for the right person at the right time) ということは、実際にはなかなかむずかしいことにちがいないが、相手の読者を研究することに努力し、相手の身になって考えることに慣れれば、適当に処置することも困難ではないであろう。また読者が「何なにという書物はないか」と聞いたときにも、ブッキラ棒に「ありません」と答えるのをやめて、「探してみましょう」と反転し、目録を検索するなり――その読者はすでに目録を探したかも知れないが――あるいは「他の図書館に聞いてみましょうか」と答えれば、そのあいだには和やかな、また爽やかな親しみのある感情がかもし出されるであろう。対外活動についても同様である。日本人は余りにもセッカチであり気短かである。ゆとりがきわめて乏しい。

B　身だしなみと応対

官公庁でも近ごろはサーヴィスということに関心が払われてきた。人事院では（a）何も美しいぜい沢な服装をする必要はないが、破れやよごれのない、さっぱりとしたものを身につけよう。（b）頭髪はいつも気持ちよく手入れしよう。（c）庁内でのゲタばきは絶対にやめよう。（d）暑いときでもランニング・シャツ一枚でいることは感心できない。（e）バッジはいつも左胸部につけて職員のほこりを保とう、などの執務心得をつくっているということである。図書館でも館外輸出向きの「図書館一覧（要覧・便覧）」などのほかに、館内消費用の「職員ハンドブック」のようなものをつくり（い）職員の心得となる規律、（ろ）読者に対する態度、（は）用語例、（に）電話の応対心得、（ほ）読者の参考となる事項などを編集することはいかがであろうか。むろん（へ）その図書館の沿革、（と）図書館の組織と内容、（ち）図書館長以下職員の略歴・事務分掌《じむぶんしょう》をも載せることができれば、対外活動に役立つばかりでなく、図書館のティーム・ワークにも便利であろう。

　人間と人間との接触は「**ことば**」から始まる。自分の思っていることをじゅうぶんに相手に伝えて会得させ、また相手の言いたいだけのことをじゅうぶんに言わせ、よく聴いてやることが応対である。ただべらべらと自分だけが喋《しゃべ》ったのでは応対にならない。図書館職員のうちには相手をそらさず照れ臭がらせないばかりか、進んで傾聴させ理解させ、満足させ行動させる才能を先天的にもっているものもある。しかし天分に恵まれないものでも、経験とくふうと努力とによって、応対のコツを学びとり身につけることができる。徳川夢声《とくがわむせい》に『話術』という著書がある。話術は理論的に技術的に、研究を重ねる価値をもつものである。とくに対外活動を担当する図書館職員は、話術について関心をもたなければならない。大道商人が巧みに通行人の足を留めさせ注意させ、興味をもたせるような身ぶりや話しぶりには、弘報・宣伝の極意を学ぶところが多いのである。

　すでに相手あっての応対である。相手に応じて話術にも弾力性をもたせなければならない。難解な術語や専門語を避けることは賢いやり方である。必要以上の外国語はキザな感じを与える。鹿《しか》つめらしい他人行儀のことばづかいは、親しさを伴わないけれども、粗野なことばは慎しまなければならない。「人を見て法を説け」である。退屈させれば相手は逃げてしまう。快活に、くだけた、くつろいだ話術は魅力がある。ひとりよがりの自己陶酔では、逆効果を生むばかりである。独善は官僚ばかりではない。

相手に不快な感じや印象を与えないように、「来てよかった」「聞いてよかった」「見てよかった」という満足感にまでもっていかなければ、図書館の対外活動は、求心的のものにせよ遠心的のものにせよ、じゅうぶんな目的を果たしたとはいわれない。相手かわれど、主《ぬし》かわらずである。いま目の前にいるひとりの読者は、図書館にとっては最初のお客様であり、最後のお客さんであると心がけるべきであろう。

C　読者の要求に注意する

応対によって読者の要求を傾聴し、これに善処することも一つの方法にちがいないが、本当に個人的サーヴィスをするためには、常に読者が訴え求めている事がらを、いちいち精確に図書館に知らせるように奨励し、これをじゅうぶんに把握しておらなければならない。図書館に備え付けてほしいと思う図書のために読者の投書箱を設けることは、どんな図書館でもすでに常識となっているのであるが、果たして毎日その投書箱の中味を調べて善処しているかどうか。もし読者の要求が正当のものであるならば、図書館は必要な図書を直ちに購入しなければならない。アメリカやイギリスの図書館では、図書の購入を申し出た読者の住所姓名が分かっておれば、手続きのすみ次第ハガキでその旨《むね》を通知し、数日間その図書を保留して、優先的にその読者の利用を待つということである。こうすれば読者の不満は滅ずることができるし、図書館としては読者の要求する図書や事がらについて、有用な情報が得られるわけである。各部門を担当する司書・係員は、その部門についての欠陥を一番よく知っているはずであるから、その知識を自分たちのものだけにせず、一般の利益のために有効に用いるようにしなければならない。

英・米の図書館ではまた一定の様式に印刷したハガキを備えて置いて、読者にその特別に関心をもつ主題について知らせてもらうことにしているという。（a）その題目もただ漠然《ばくぜん》と「歴史」というのではなく、「イタリアの歴史」とか「宗教改革時代」とかハッキリとしたものを指摘させ、（b）その程度についても初歩・通俗・専門・高度と精確に記入させ、（c）現在の蔵書のうちからか、（d）新書を増加してほしいのか、そのいずれか、あるいは両方とも希望しているのかを通知させている。それに対して直ちにまずその要求に応答するのはもちろんであるが、更にこれを題目順に登録・配列しておいて――天文学、フランス文学、ガス・エンジン、近代詩などと――特別な読者の興味をもつ図書が手にはいったときには、この登録票にもとづいて通知を出し、特殊書目を編集したときにはまたこれを送りとどけ、関係のある講演会や座談会を開くばあいには案内することにしているから、わずかの時間と労力とで、もっとも経済的で能率的な効果をあげることができるといわれている。このような正確な資料に基づく対外活動はまた、めくら滅《マ》法《マ》にただ当てもなく一般的に訴求するばあいのプログラムとちがって、費用と労力とを節約するばかりでなく、効果の危険率を少なくすることができるといえよう。こうして奉仕された人びとのうちから同志のものが結集し、やがて「図書館友の会」ができて図書館の常連読者をつくらないとは誰も保障できない。

　九州大学附属図書館では、かつて著者の在任中に目録室に帳簿を備えて置いて、上段には学生のあらゆる希望・注文・要求を記入する欄を設け、下段にはそれに応答する欄をつくって相当効果をあげたことがある。むろん学部・学年・専攻・姓名を記入させることとし、無記名な不真面目なものには回答しなかった。整理中の図書を急いで閲覧室にまわしたり、図書の請求番号を知らせたこともあった。のちには図書館利用の手引を小冊子につくり、新入学生に毎年くばったこともある。

Ⅶ　「図書館ごよみ」をつくろう

一九五六年一月十七日はベンジャミン・フランクリンの生誕三百五十年に相当する。京都のアメリカ文化センターのショウ・ウィンドウには、フランクリンの肖像・筆跡・使用した印刷機械・発行した新聞の写真などが展示されていて、道ゆく人の足をとどめさせていた。著者もそのひとりで、簡潔な説明書を寒風に吹かれながら丹念に読んだものである。このような図書館活動をするばあいには、急に思いついたのでは、準備に万全を期することはできない。事業予定表をつくり、それによって企画を立てて実行に着手すると便利でもあり、効果的でもある。ことに対外活動のばあいには、その出発にあたり「図書館ごよみ」をつくっておくと、事務の繁閑に応じてプログラムをつくり、活動の分野を伸縮して、年ごとに目先をかえる手引ともなるであろう。

「図書館ごよみ」は日記体でもカード式でも、そのいずれを選ぶのも図書館によって随意である。まず基本的のものをつくり、それによって図書館の年中行事ともにらみあわせて、対外活動の計画にも実行にも、あの手この手と、弾力性をもった時宜に適したくふうをするときの必要に応ずる手引となるものである。毎年きまったときに行われる行事、例えば秋の「読書週間」などが、とかく「お座《ざ》なり」に堕したりマンネリズムに陥るのは、平素の注意が足らないために見とおしがつかないからであろう。対外活動を担当する機関の係員はとくに「図書館ごよみ」をつくって、常に適当な事項を適当な時期に記入し、追加したり増補する義務を忘れてはならない。「図書館ごよみ」は、それによって何事かをしなければならないという意味あいのものでなく、それらのことがらについて考慮を払わなければならないというところに意義がある。図書館の対外活動は基本的条件を基礎として、図書館職員の想像力をのばしてゆくところに愉しみがある。

ここに収録したのは京都市立滋野中学校の昭和三十年十月の「図書館ごよみ」である。その転載を快諾《かいだく》して下さった同校清水正輝先生に、あつくお礼を申し上げたい。

［註・以下の表において、年の明らかな誤りは修正し、日付や事項の誤り、および誤解を招くおそれがある箇所には注釈を付した。また、複数の日付に重複して記載されている場合は、誤りのある方を削除した。旧暦が使用されていた頃の日本の出来事や人物の生没日は旧暦、ロシアの出来事や人物の生没日はユリウス暦の日付となる。「明治」「大正」「昭和」は原著のまま「明」「大」「昭」と省略表記のままとした。――慧文社編集部］

十月の図書館暦

上旬　寄生虫予防週間

秋祭

狩猟解禁

大阪せいもんはらい

芸術祭

更生医療普及運動

下旬　国民体育大会

生活の栞《しおり》

衣更《ころもがえ》

虫干《むしぼし》

秋の大掃除

運動会

遠足

芋掘《いもほり》

きのことり

10	行事	文化	生没
1	東京市自治紀念日（都民の日） 中国［中華人民共和国］　国慶節 新聞週間一～六 ［一九六八年以降は台風の時期を避けて十月十五日から］ 赤い羽根共同募金　一～七 （たすけあい共同募金） 国土美化週間始まる。 労働衛生週間始まる。	錦帯橋成る。延宝元　一六七三 第一回国勢調査　大九　一九二〇 東海道超特急運転　昭五　一九三〇 郵便年金法簡易保険法　実施大五 一九一六［簡易生命保険法。郵便年金法は一九二六年］ 明治神宮成る　大九　一九二〇 ソ連第一次五カ年計画発表 一九二八	コルネイユ　没　一六八四　仏詩人
2	万国郵便連合記念日 ［正しくは十月九日。「世界郵便デー」とも］	ハーベイ　血の研究　一六四二 ［?　ハーベイの血の循環の研究書が出版されたのは一六二八年］ 満洲事変　リットン卿報告書発表 昭七　一九三二 江戸大地震　安政二　一八五五	ヒンデンブルグ　生　一八四七 フォッシュ　生　一八五一 （第一次大戦連合軍司令官） 吉備真備　没　宝亀六　七七五
3	寄生虫病予防週間三～九 ［現在は「寄生虫予防運動」として十一月二十日から三十日まで］	シャムと通商を始める。 寛永六　一六二九 ［幕府が山田長政に朱印状を下付］ イラク独立　一九三二 イタリア、エチオピアと開戦 一九三五 三韓征伐　仲哀九　二〇〇	孫文　生　一八六六 ［正しくは清同治五年十月初六日であるため、西暦では一八六六年十一月十二日］ ガンジー　生　一八六九

10	行事	文化	生没
4	里親デー 美術学校創立記念日 東京芸術大　日大　開校記念日	東京音楽学校開校 明二〇　一八八七	ミレー　生　一八一四（仏画家） レンブラント　没　一六六九 オッヘンバッハ　没　一八八〇 ［正しくは十月五日］ 紀海音　没　寛保二　一七四二
5	だるま忌 ポルトガル独立記念日 ［正しくは共和制樹立記念日］	初の教育委員選挙　一九四八 蒙古　対馬を襲う　文永十一 一二七四 南北朝統一　明徳三年　一三九二 フランス革命起こる［ヴェルサイユ行進］一七八九 ポルトガル共和国成立　一九一〇	
6	岡山県　金光教　秋季大祭 ［年によって日は異なる］ 浄土宗　十夜法要 ［元々は旧暦十月五日から十日間］	頼朝　公文所をおく　一一八四 日本軍　マーシャル群島占領 ［第一次世界大戦、一九一四］	重野安繹　生　文政十　一八二七 ハリス　生一八〇四（駐日領事） ［正しくは十月三日］ 狩野元信　没　永禄二　一五五九 ユージン・オニール　生 一八四六（劇作家） ［正しくは一八八八年十月十六日］ 黒岩涙香　没　大九　一九二〇

10	行事	文化	生没
7	世界聖さん日［十月第一日曜］ 赤間宮例祭（下関）	日本実業家協会創立　大二 　一九一三 ［日本実業協会　会長・渋沢栄一］ 平戸港開く　慶長十六　一六一一 ［？　一六一三年イギリス商館設立のことか］ 新憲法成立［貴族院・衆議院両院で可決］　昭二十一	狩野探幽　没　延宝二　一六七四 テニスン　没　一八九二 ［正しくは十月六日］ 頼三樹三郎　没　安政六　一八五九 ボーア（デンマークの物理学者） 　生　一八八五
8	鬼子母神会式（東京） ［正しくは十月十八日］ 新聞週間始まる［重複？］ 丹生川上神社祭（吉野）	蒋介石　中国国民政府主席に就任 　一九二八 バルカン戦争起こる　一九一二 シカゴ市の大火　一八七一 国立公園決定［選定］（瀬戸内海雲仙アルプスなど）昭七　一九三二	名和靖　生　安政四　一八五七 吉井勇　生　明十九　一八八六 下田歌子　没　昭十一　一九三六
9		東京に開成学校を開く 　明六　一八七三 万国郵便連合条約　調印 伊藤博文　内閣組織　明三十三 寺内正毅　内閣組織　大五 幣原喜重郎　内閣組織　昭二十	セルバンテス　生　一五四七 （スペインの小説家） 安田善次郎　生　天保九　一八三八 フィッシャー　生　一八五二 （独化学者）

10	行事	文化	生没
10	眼の愛護デー 中国双十節	中国の革命　一九一一 中華民国［一九二三年］憲法発布　一九二三　民国十二 ［旧民事および旧刑事］訴訟法公布　明二十三　一八九〇 ギリシア帝政［王政］復活一九三五 我が国最初の製鉄所起工（長崎）安政四　一八五七	ナンセン　生　一八六一 ヴェルディ（作曲家）生　一八一三 高村光雲　没　昭九　一九三四
11	菊池神社祭（熊本） ［現在の例祭は十月十三日］	世界一の脳（桂太郎）大二　一九一三 ［千六百グラム　世界一ではない］ 日本郵船会社設立　明十八　一八八五 紫宸殿にて即位式を行う　冷泉天皇　康安四　九六七 蒙古軍九州にて全滅［？］	桂太郎　没　大二　一九一三 ファーブル　没　一九一五 ウィリアムス（英YMCA創設者）生　一八二一 渡辺華山　没　天保十二　一八四一 ザルコフスキー（医学者）生　一八四四
12	芭蕉忌 京都広隆寺牛祭 コロンブスデー コロンブス新大陸を発見　一四九二	オートジャイロ　飛行に成功　一九二五 ［世界初飛行は一九二三年一月九日］ コロンブス新大陸に上陸　一四九二	芭蕉　没　元禄七　一六九四 近衛文麿　生　明二十四　一八九一 青木昆陽　没　明和六　一七六九

10	行事	文化	生没
13	日蓮宗御忌 高良伊神社大祭（久留米） ［現在は十月九日］	仏教伝来　欽明十三　五五二 明治天皇東京遷幸　明元　一八六八 江戸城を皇居とす イラクの大油田発見　一九〇三 ［イラク最古の近代油田とされるキルクーク油田は一九二七年発見。中東最古の主な油田はイランで一九〇八年に見つかったもの］	後藤（黄金大判に彫刻した人）没 寛永八 ［後藤四郎兵衛家八代当主後藤即乗］ 日蓮　没　弘安五　一二八二 嵐雪　没　宝永四　一七〇七 アナトール・フランス　没 一九二四 ウイルヒョウ　生　一八二一
14	鉄道記念日 新橋―横浜間鉄道開通　一八七二 青年の日	米総領事ハリス江戸に来る 安政四　一八五七 国際航空連合会創立　一九〇五 徳川慶喜　将軍職を辞す［政権返上を奏上。奏上の勅許は翌日、正式な辞職は十二月］　慶応三　一八六三	ペン　生　一六四四 （北米ペンシルバニア開拓者）
15	結核予防週間十五―二十一 ［現在は九月に行なわれている］ 全国交通安全週間始まる ［現在は九月に行なわれている］ 長良川鵜飼終わる 猟銃解禁 ［狩猟解禁の期間は都道府県や年によって異なる］	東大寺建立［大仏建立の詔］　七四三 蒙古壱岐をおかす　文永十一 ［戦いは主に前日十月十四日］ 第一回帝展開く　大八 日本美術院創立［開所式］　明三十一 一八九八 大宝令発布　大宝二　七〇二 徳川慶喜将軍職奉還　慶応三 仏人ロジェ［係留］気球にのる 一七八三	ウェルギリウス　生　前七〇 （ローマの詩人） オスカー・ワイルド　生　一八五四 （英詩人劇作家） ニーチェ　生　一八四四 （独哲学者） 広津柳浪　没　昭三　一九二八 新渡戸稲造　没　昭八　一九三三

10	行事	文化	生没
16	丹生比売神社祭（和歌山）	日露平和条約公布［平和回復の詔勅］ 明三十八　一九〇五 スイスにてロカルノ条約結ぶ 一九二五 ［成立。調印はロンドンで十二月］ 江戸の大火　明暦三　一六五七 ［正しくは明暦三年一月十八日］ 日本学術協会発会式　大十五 ［この日は同協会の第二回大会］	ウェブスター　生　一七五八
17	貯蓄の日 神宮神祭 ハンガリー独立記念日 ［正しくは、三月十五日「独立戦争記念日」、八月二十日「建国記念日」、十月二十三日「革命記念日」。民主共和国の独立ならば十一月十六日］	ファラデー電磁誘導現象発見 一八三一 隅田川で初めてボートレース行わる 明十七　一八八四 ナポレオン　セントヘレナ流さる 一八一五 ハンガリー独立　一九一八 ［ハンガリー民主共和国の独立は同年十一月十六日］	ショパン　没　一八四九 前野良沢　没　享和三　一八〇二 サン＝シモン　生　一七六〇 （仏社会学者）

10	行事	文化	生没
18	靖国神社秋季大祭［当日祭］ 鹿の角切り（奈良） ［年によって日は異なる］ 長田神社秋祭（神戸）	板垣退助等　自由党結成 政党の始め　明十四　一八八一 東條内閣成立　昭十六　一九四一 最初の臨時議会広島に開かる 明二十七　一八九四 ニューヨーク・シカゴ間電話開通 一八九二	ベルグソン　生　一八五九 （仏　哲学者） エジソン　没　一九三一 クライスト　生　一七七七 （独詩人　劇作家　小説家）
19	浅草観音寺菊供養 ［通常は十月十八日］ 水かけ祭（福島） ［福島市岡島の鹿島神社のもの］ ベッタラ市（東京） 吉備津神社大祭（岡山） ［現在は第三土曜日・翌日曜日］	東京都内に［芝］公園設置　明六 一八七三 京都清水寺建立　延暦二十四 八〇五［田村麻呂が土地を賜る］ アメリカ独立戦争に勝つ　一七八一 ナポレオン　モスクワより退く 一八一二 新聞紙発行規則を定む　明六	魯迅　没　一九三六
20	えびす講（東京） せいもん払（大阪）	ニッポン号　世界一周完成 昭十四　一九三九 全国小学校女教員大会 第一回開催　大六　一九一七 幕府書物奉行をおく　寛永十 一六三三	クリストファー・レン　生 一六三二（宗教建築家） 二宮尊徳　没　安政三　一八五六 トルストイ　没　一九一〇 ［正しくは十一月二十日］

10	行事	文化	生没
21	早稲田大学創立記念日 世界日曜学校デー［十一月第一日曜日］ みなと［の］祭（神戸）［現在は「神戸まつり」として五月開催］	エジソン　白熱電灯を完成　一八七九 マゼラン　海峡を発見　一五二〇 ナイチンゲール　クリミア戦争地へ出発　一八五四	ノーベル　生　一八三三
22	時代祭（京都平安神宮） 鞍馬大祭　火祭	新教育制度　昭二十　一九四五［GHQ「日本教育制度に対する管理政策」］ 明治神宮外苑完成　大十五　一九二六 東京市内電話開通　明二十三　一八九〇	リスト　生　一八一一（独音楽者）
23	電気通信記念日	我が国最初の陪審裁判開く　昭三　一九二八 伊能忠敬　江戸地図完成　文化十三　一八一六［正確には忠敬による測量終了。地図は彼の没後も継続され、文政四年七月十日完成］ 巡査を初めて制定　明四　一八七一	

10	行事	文化	生没
24	国連デー 湊川神社祭（神戸） ［社殿再建、正遷宮の日］	文部省体操練習所を開く　明十一　一八七八 ブラジル革命［ヴァルガスによるクーデター］　一九三〇 我国初のトンネル（石屋川トンネル）［工事開始日］　明三　一八七〇	関孝和　没　宝永五　一七〇八 バード　生　一八八八 ［リチャード・バードならば十月二十五日生まれ］ ピカソ　生　一八八一 ［正しくは十月二十五日生まれ］
25	結核予防週間始まる ［現在は九月に行なわれている］ 騒音防止週間始まる ［現在は「受信環境クリーン月間」として十月一日から］	九州島原の乱起こる　寛永十四　一六三七 第一回文部省美術展　明四十　一九〇七	ビゼー　生　一八三八 ヨハン・シュトラウス［二世］　生　一八二五 徳冨蘆花　生　明元　一八六八
26	天理教秋季大祭（奈良） 宮崎神宮祭	ソ連個人の土地所有禁止　一九一七 ［土地に関する布告］ 高野長英　長崎にて蘭学を学び江戸に帰る　天保元　一八三〇	チョーサー　没　一四〇〇（英詩人） ［正しくは十月二十五日］ モルトケ　生　一八〇〇 （独軍政家） 正木直彦　生　文久二　一八六二 伊藤博文　没　明四十二　一九〇九 上田万年　没　昭十三　一九三七 榎本武揚　没　明四十一　一九〇八

10	行事	文化	生没
27	読書週間　10月27日より11月9日まで 親鸞聖人大報恩講 ［浄土真宗内でも派によって異なる］	シンガーミシンの完成　一八一一 ［正しくはこの日はアイザック・シンガーの誕生日］ 米国海軍記念日　一八五八 ［この日に生まれたセオドア・ルーズヴェルトを記念して一九二二年に制定］	パガニーニ　生　一七八二 （伊提琴家） 吉田松陰　没　安政六　一八五九
28	十三夜［旧暦九月十三日］ 照国神社祭（鹿児島） チェコ独立記念日	水上警察開設　明十二　一八七九 濃尾大地震　明二十四　一八九一 ニューヨーク自由の女神像成る 一八八六 ハーバード大学開校　一六三六	嘉納治五郎　生　万延元　一八六〇 石川啄木　生　明十八　一八八五 ［明治十九年二月二十日説もある］ クック　生　一七二八　（英航海家） ［正しくは十月二十七日］
29	トルコ共和制記念日	ワシントン第一回国際労働会議 一九一九 我国初の万国労働会議を東京で開く ［正しくは「万国工業会議」および「世界動力会」］　昭四　一九二九	井伊直弼　生　文化十二　一八一五 ハレー　生　一六五六 （英天文学者）

10	行事	文化	生没
30	宗教改革記念日　一五一七 ［一般的に「記念日」は十月三十一日、その日に近い日曜日に記念礼拝を行なうことが多い］	教育勅語下賜　明二十三　一八九〇 明治神宮体育大会始まる　大十三　一九二四 イタリアファシスト政党確立　一九二二	ドストエフスキー　生　一八二一 スウィフト　生　一六六七 ［正しくは十一月三十日］ 尾崎紅葉　没　明三十六　一九〇三 賀茂真淵　没　明和六　一七六九 高野長英　没　嘉永三　一八五〇
31	世界勤倹デー	ルター　宗教改革宣言［九十五ヶ条の論題］発表　一五一七 全日本水上競技連盟成立　大十三　一九二四 全日本学生陸上競技連盟成立　昭二　一九二七	キーツ　生　一七九五（英詩人） バイヤー　生　一八三五（独科学者） ウィルキンス　生　一八八八（オーストリア探検家）

4　対外活動と地域社会

I　地域社会の機構

図書館の対外活動は、図書館の対象となる地域社会に、図書館奉仕を進展させることである。したがって対外活動は、その奉仕する地域社会についての考察をおろそかにしてはならない。これまでの日本の図書館では多くのばあいに、一般公衆が図書館奉仕をどのように考え、またどのように受け入れているかについての反省が乏しかった。独善的に一方的なやり方を押しつけて、一般公衆の絶対的服従を強制した。「文句を言わずについてこい」といった態度で読者を引きずり、絶対支配の習慣をうえつけた。独裁や専制の毒素を培養してきた日本の封建性は、何も図書館に限ったことではない。しかし「自由」と「任意」とを本質的要素とする図書館が、一般公衆の利害と一致し、社会の動きと呼吸を一つとするのでなければ、成長し発展していくことは困難である。だから封建日本の社会においては、「強制」的な学校の義務教育は繁昌したが、図書館は萎靡として振るわないままに取り残されたのである。

一般公衆は、ある種の目的をもって、図書館の門をくぐるのである。しかもそこに営まれる図書館奉仕が、一般公衆の要求と一致するところがなければ、図書館は一種のアクセサリーにすぎない。これまで日本の図書館の多くが、都市の装飾物であったり記念建築物であったりしたことは、過去のわが国の図書館の名称にもうかがうことができる。そして読者一般もまた、他に同種の読書施設をもたず、選択の自由のないままに、図書館の政策いかんにかかわりなく、勝手に行動し利用してきたに過ぎない。このような状態をくりかえすことは日本社会の不幸であり、国民生活をジリ貧に導くものである。対外活動は図書館の政策を改善して、より多くの人びとに図書館資料を提供することにより、図書館奉仕をより豊かにするため、柔軟であってしかも強靭《きょうじん》な知性のすぐれた方法を講ずることである。「自己を知る」ことを出発点として、さらに触手をのばして「周囲を知る」ことに及ばなければならない。地域社会の調査研究は対外活動の客体を把握することであり、対外活動の鍵となるものである。

地域社会の本質は複雑であるが、定義することのできる明白な概念である。Community（地域社会）ということばは、Common（公共の、公衆の、共同の、共有の）ということばと同じ語源をもち、中世ヨーロッパ、とくに南欧諸国の市町村の自治体を総称するCommuneや「霊交」（Communion）、「マス・コミュニケーション」（大衆交信）ともつながりをもつものである。すなわちクック（Cook）の定義によれば地域社会は（1）人口の集りである。（2）近接した地域に居住する。（3）過去の経験を通じて統合されている。（4）基本的な奉仕機関を若干数もっている。（5）その地域社会の統一性を意識している。（6）去来する生活の危機に当面して共同して力を一にし、行動することができる――というのである。同甘同苦《どうかんどうく》の共同体なのである。

さらにオルセン（Edward G. Olsen）は地域社会を定義して――

イ　土地の上にある特殊の場所を占め

ロ　そこに住む人たちは、自分たちのものであると認め、またその中に誇りを感ずるような一つの歴史をもっていなければならない

ハ　人びとはお互いに一つの地域社会として、同属の意識をもっていなければならない

ニ　数と形とにおいてじゅうぶんな奉仕機関をもち、住民の基本的な人間の要求に応じ
ホ　できるだけ団体としての永続性が保たれるようにしなければならない。そして最後に
ヘ　どのような危機が生じたとしても、これに応ずることができ、その地域住民の一般福祉に関する諸問題を解決するよう、力を一にすることができなくてはならない。このようなことが基本的要素であって、これらの要素の相互関係が地域社会をつくるのである

と述べている。そして「学校の奉仕地域」を「郷土社会」と考え、これを基底として四つの主要な地域社会の領域を区分している。曰く――

（1）**郷土社会**（local community）学校奉仕の地域――村・町・市・区・教区・郡
（2）**地区社会**（regional community）第二の一層大きい政治的あるいは地理的単位――州または州の地域的な群
（3）**国家社会**（national community）一つの全体として考えられる国民
（4）**国際社会**（international community）密接な政治的・経済的または文化的の靭帯《じんたい》によって連結された国家群――そのうちには多分可能なりと考えられる世界国家をふくむ。[1]

われわれが図書館の対外活動について考えるとき、これらの地域社会の概念をそのまま踏襲《とうしゅう》することが便利である。ただ日本の行政組織とアメリカのそれとは、いささか形態を異にしているので、われわれが（い）郷土的地域社会とよぶばあいは「村・町・市・特別区」をさすこととし、(ろ）地区的地域社会と称するときには「都・道・府・県」の地方公共団体の区域を指し、必要があれば「近畿」・「東海」等の地域をふくませたらよいので

1　Olsen, Edward G.: School and Community. 1947　宗像誠也、等訳　学校と地域社会　昭和二十五年　小学館　62～63頁

ある。なお（は）国立国会図書館の奉仕地域は全国であることを重ねて強調し、（に）ユネスコの図書館活動は、世界の諸国民を文化的に結ぶものと考えてよいであろう。

地域社会の概念によれば図書館は地域社会の奉仕機関であり、住民の基本的な人間的要求に応ずる「義務」を負うものである。もし図書館がこの「義務」に応ずることができなければ、その地域社会住民の一般福祉に「危機」が生じたことになり、彼らは力を一にして図書館の実体を糺明し、その改善を要求する「権利」をもつのである。これがデモクラシー社会における図書館の課題である。対外活動は、その主体である図書館をめぐるもろもろの地域社会の要求なり意見なりを知り、その態度を把握してこれを分析し、図書館の政策ならびに経営方針を判断してこれに改善を加え、よりよき図書館奉仕を遂行することによって一般公衆の態度を好転させ、地域社会における図書館の「義務」を果たすのである。

このような図書館活動をくりかえすことが、図書館奉仕を伸張する対外活動の内容であるとするならば、地域社会をくわしく精密に調査することなくしては、対外活動はあり得ないばかりでなく、その目的を達することが不可能であるといわねばならない。

Ⅱ　図書館調査の目的・種類・方法

図書館は対外活動を実行する前に、奉仕の対象となる地域社会の実態をじゅうぶんに調査し、これに基づいて図書館奉仕の企画を立て実行に移すことにしなければならない。しかしただ漫然と地域社会を調査するといったのでは、効果が挙がらないばかりでなく、かえって徒労に終わるものである。(1)いつ、(2)誰が、(3)どこで、(4)

何について、（5）何のために、（6）どんな方法で調査するかを、あらかじめ立案して準備をととのえて置かなければ、正確な結果が得られないのみならず、徒《いたず》らに時間と経費と労力とを浪費することになるのである。しかし図書館のための地域社会の調査だからといって、何もいちいち図書館が手にかけねばならぬという理由はない。国および地方公共団体の調査資料を利用してもよいことであり、いろいろな図書館統計の解釈から得られることもある。要は経済的に能率的に、かつ敏速に行うことを心掛けるべきであろう。

対外活動のための調査は、その目的からつぎのように区分することができるであろう。

1　図書館政策を改善し、地域社会の要求に図書館奉仕を適合させるための調査

2　対外活動の計画を立てるための調査

3　対外活動の効果・反響を知るための調査

これらの調査のうち第一と第二とは、ある一つの問題を中心として事前に、また第三は事後に行わるべきものであることは言うまでもない。

Ⅰ　基本的一般調査事項

A　自然的環境（移動図書館と関係あり）

a　土地面積・立地条件

b　交通関係

B　社会的構成

a　人口・性別・年齢別

b　社会的沿革および行政機関

c　風俗・年中行事

C　経済的条件

ａ　業種別・従事人口

ｂ　資本とその運営方法

ｃ　産物と地域社会との関係・産額・季節的配分

ｄ　収入支出の程度

D　政治・宗教・衛生その他

ａ　政党政派・選挙に対する関心の程度

ｂ　社寺教会の数および種類・集会の状況

ｃ　医療機関の数と設備・死亡率

ｄ　新聞およびラジオの普及状況

ｅ　生活改善・新生活運動

Ⅱ　教育に関する調査事項

A　学校教育

ａ　学校の種類・数・程度

ｂ　児童生徒・学生の数、就学率

ｃ　地域社会の教育に対する関心・ＰＴＡ・学校教育費

B　社会教育

ａ　図書館・公民館・博物館・美術館・体育館・劇場・水族館その他の数と設備、利用状況

ｂ　上記の諸施設の特色、相互間の連絡提携、学校その他文化団体との交渉

c　設立者・地域社会の関心・経費

Ⅲ　文化団体の調査

対外活動による図書館奉仕の主たる対象となる青少年団体・婦人団体・成人団体・宗教団体・労働団体・研究団体その他

a　名称・数・構成員数・職業別・年齢別
b　創設・沿革とその性格
c　事業内容・財源と予算
d　機関誌の有無
e　文学・芸術に対する関心
f　読書についての関心と傾向
g　地域社会との関係

Ⅳ　文化人調査

図書館が対外活動を企画し実施するばあいに、講演会・講習会・研究会・読書会などの講師として委嘱《いしょく》し、また適切な指導と助言とをうけることのできる同〃地域社会に居住している学識経験者

a　姓名・住所・年齢・専門事項
b　経歴・研究事項
c　所属機関・連絡方法
d　依頼度数一覧表
e　地域社会との関係

Ⅴ　読書調査

主として図書館を利用している現実の読者を対象として、また図書館を利用していない潜在的読者について、読書の実態を調査し、その読書生活をじゅうぶんに理解したうえ、どのような対外活動を企画したら一そう彼らを援助することができるかの資料とする

a　読書の分量
b　読書の種類
c　読書の動機づけ
d　図書入手の過程
e　図書館の利用状況
f　図書館に対する希望・意見

図書館の調査は、特別の専門家を依嘱して行うことは困難であるから、図書館自身がこれを行うか、友好団体と協力して行うことが望ましい。したがって新聞社が世論調査などで実行している任意抽出法などに由《よ》ることはできないで、ある一定の時期に——特定の一日ないし一週間をかぎり、図書館に来た人の全体について調査するか、または移動図書館に附随して、あるいは講演会などに集まってきた聴衆を相手に調査するよりほかに方法はなかろう。正確という点から言えば問題はあるであろうが、調査のための調査ではなく、対外活動の鍵をうるための資料とする程度で、確率の高い方法を試みるがよい。[2]

2　小畑渉　図書館の統計　蘭書房　一九五三　第六章Ⅲ

Ⅲ　どんな讃査が行われたか

著者は図書館調査についてはまったくの素人であるから、ここにはヘイグッド（Willian Converse Haygood）の著書から、一九三六年ニューヨーク公共図書館の行った調査票をかかげて読者の参考に供する。[3]

ニューヨーク公共図書館参考部

ニューヨーク公共図書館は図書館の蔵書と奉仕とが、読者の要求とどれほど密接に一致しているかを知りたいという希望から、その目的を達するためこの調査票に答えを記入してもらうことができれば幸いである。

1　あなたは、きょういつごろこの図書館に来られたか。
a　あなたは、ある特別な図書の著者または書名を知って読書相談に見えたのか。
b　あなたは、あることがら（主題）についてどんな図書を見たらよいかを知らないで、インフォーメーション（情報）を得たいと思って来られたのか。

2　その図書を読む目的は、
a：レクリエーションのためか。
b：仕事（職業）のためか。

3　Haygood, W. C.: Who Uses the Public Library.（参考文献参照）

c：学校の勉強のためか。
d：すきな研究のためか。
3a　希望図書が入手できたか。
b　希望したインフォメーション（情報）が得られたか。
c　図書館には、あなたの希望する図書があったか。
d　あなたは、図書館の目録は利用が困難だと思うか。
4　あなたは、図書館職員の援助を求められたか。
5a　あなたは、この図書館をいつもきまって利用されているか。
b　はじめてこの図書館に来られたのか。
6　どんな事がら（主題）を調査されたか（ふつうのことばで、例えば心理学、会計学、欧州史、アメリカ文学、等）。
7　図書館の目録を使うこと、あるいは希望図書または情報を得ることが困難なとき、どんな方法を講じたら、それらの困難を軽くすることができるか。
この調査票の裏がわに、何なりとも、あなたの考えておられること、この図書館についての批評・希望・意見を書かれて差し支えありません。

なお、あなたがつぎの事実を補って下されるならば、この質問の解釈に便利で役に立ちます。
△性別　△年齢　△職業　△教育程度

ニューヨーク公共図書館貸出部

ニューヨーク公共図書館は、一般公衆への奉仕を改善するため、本館の読者がどれだけほかの場所から、図書または雑誌を手に入れていられるかを知りたいと思う。そこで、あなたがつぎの質問にチェックして下さるなら幸いです。

1　つぎの表のうち、あなたが最近二カ月に図書を入手された場所をチェックして下さい。

a　公共図書館　b　書店（購入）c　学校または大学図書館　d　貸本屋　e　その他の図書館、例えば教会図書館　クラブ図書館　f　友人　g　図書クラブ　h　その他の場所（くわしく）

つぎに前の表をもう一度みて、一番多く利用した場所に1と書き、つぎに多く利用したところに2と書いて下さい。

i　ニューヨーク公共図書館以外で、あなたの利用している図書館の名前。

j　ニューヨーク公共図書館に欠けているか、他の図書館にあるもので、あなたに役立つ特色は何か。

2　あなたが本館に来られるのは　a　少なくとも一週に一回か　b　少なくとも二週間に一回か　c　一カ月に一回か　d　一カ月に一回以下か。あなたは、きょう初めて来館されたのですか。

3　あなたは、きょう図書館で何をされましたか。（されたこと全部にチェックして下さい）

a　新聞を読んだ　雑誌を読んだ　書物を読んだ

b　図書館に来る前に考えていた希望図書を借り出した。

c　図書館に来たのち、書架で希望図書をみつけた。

d　参考図書（辞書・地図帖・事典・ディレクトリーなど）をみた。
e　図書館職員から希望するインフォメーション（情報）を得た。
f　その他（くわしく書いて下さい）

4　あなたの要求するものがみつかったか。
5　もしみつけられなかったとすれば、その理由は――
a　図書館がその書物を、雑誌を、新聞を持っていない。
b　図書、雑誌、新聞が貸し出されていた。
c　みつけた書物が不適当なものであった。
d　図書館職員が質問に答えられなかった。
この図書館にはある種類の図書が不足しているとか、外国の図書・雑誌がないとか、気付いた点をハッキリ書いて下さい。
6　あなたはカード目録を使われましたか。あなたはカード目録を使ったことがありますか。
7　カード目録を使うのはむずかしいと考えられたら、その理由を書いて下さい。
8　あなたは、きまって雑誌または新聞を読んでいますか。その名前を書いて下さい。外国のものでもかまいません。
9　あなたが最近本屋から買われた雑誌または図書の名を挙げて下さい。
10　あなたが前週中に読まれた雑誌、または図書の名を挙げて下さい。
いくつも読まれたのなら、その表を挙げて下さい。公共図書館から借りたものでも、そうでないものでもかまいません。

つぎの事実は、この調査報告を用だてるときに役に立つものです。

あなたの　△性別　△学歴　△現在の職業　△年齢

なおこの図書館についての批評なり、意見があれば何なりと裏面に書いて下さい。

拙訳は、原文のいんぎん・懇切・丁重なニューアンスを傷けるものであることは、ふかく読者の寛容を求めたい。わが国の公共図書館においても、新進気鋭の人びとによって、いろいろと多くの貴重の調査が行われているにちがいないが、ツン《マ》ボ桟《マ》敷の著者の手許にはなかなか伝わらない。毎日新聞社が昭和二十九年六月東京・大阪を中心に、秋田・長野・香川・熊本の四県で、公立小学校五・六年の児童について、学校図書館の利用状況を調査し、読書の実態をつかまえたものが、同年八月二十四日の毎日新聞大阪版に掲載されていることを附記するにとどめる。

Ⅳ　調査の結果はどうあるか

一般公衆の読書についての実体を把握しないで、また一般公衆が図書館に対してどんな認識をもち、どんな希望や要求を抱いているのか、不平や不満はどんなところにあるのか、非難の原因は何であるかということを正しく知らないでは、図書館政策を改善することもできないし、図書館奉仕を進めることもできない。いわんや対外活動を企画するというがごときは、羅針盤をもたないで大洋航海に船出するようなものであって、危険きわまりないものということができる。

例えば野球をするばあいに、バッテリーの投手と捕手との気合いが一致しなければ、暴投となったりパス・ボールとなるものである。図書館調査による一般公衆の図書館に対する要求なり希望なりは、投手におくる捕手のサインである。図書館はピッチャーである。よくこのサインを見きわめて、あるいは直球あるいはカーブ、速球に緩球を配し、外角高目をねらい、内角低目を衝《つ》かねばならない。但し図書館奉仕のゲームにおいては、読者という打者を三振でうちとったり、四球で歩かせたりすることは投手の不覚で、できるだけヒットで出塁させなければならない。2ラン・ホーマー、3ラン・ホーマーなどはもっとも歓迎すべきであって、ファウルをさせたり、待球されたりするのは投手の恥辱と心得なければならない。打者である読者の態度に不感性な図書館奉仕という投球は、「独善」的な図書館政策を生む暴投となるものである。

著者はベレルソン（Dr. Bernard Berelson）の著書から、[4] 図書館調査の結果を摘記《てっき》して、読者の参考に資したいと考えながら、それが無味乾燥な数字の羅列に終わるであろうことを恐れる。しかし聡明なわが読者は、冷厳な科学者にもまさって、それらのうちから多くの養分を摂取せられるであろうことを信じて、このことを敢《あ》えてした著者の微意を酌《く》んでほしい。

A　数字は何を語る

一九四七年アメリカ連邦教育庁図書館奉仕部の発表した『公共図書館統計、一九四四〜四五』[5] によると、ア

4　Berelson, B. The Library's Public.（参考文献参照）

5　U. S. Office of Education, Library Service Division: Public Library Statistics, 1945-46. Bulletin No. 12, 1947.

メリカには約七千四百の公共図書館があって、一億以上の住民に奉仕しており、一億二千五百万冊の蔵書をもち、一年増加図書の数は七百万冊に達し、毎年の図書貸出数は三億五千万冊で、約二千五百万の人びとがいつも図書館を利用するために登録している。図書館経費の総額は約六千五百万ドルで、従業員の数は四万人、うち一万五千人が専門職員である。

これら数字を今からほぼ三十年前の一九二六年に、アメリカ図書館協会図書館拡張委員会（Committee on Library Extension of the American Library Association）の発表した報告書[6]とくらべて、わずか一ジェネレーションのあいだに、かくもすばらしい成果を挙げることができたのは、対外活動の結果とみてよいのではなかろうか。すなわち――

a　北アメリカ合衆国およびカナダの公共図書館数六千五百三十四

b　蔵書総数六千八百六十五万三千二百七十五冊、総人口一億千四百四十九万九千百三人に対し一人当たり〇・六冊

c　一年間の貸出図書総数二億三千七百八十八万八千二百八十二冊、総人口に対し一人当たり二冊

d　図書館費年額三千七百九万四千三百三ドル、総人口に対し一人当たり三十二セント

e　北アメリカ合衆国およびカナダの住民六千四百二万九千五百十七人、すなわち総人口の56％が公共図書館の奉仕圏内に居住している。

f　総人口の44％にあたる五千四十六万九千五百六十六人は地方公共図書館施設を利用する便宜をもっていない。

6　A. L. A.: Library Extension.（参考文献参照）

g　三百四十一万五千四百十八人の都市住民、すなわち都市住民総数の6％が公共図書館奉仕をもっていない。

h　農村総人口の83％に相当する四千七百五万四千百六十八人が図書館奉仕をもっていない。

i　公共図書館奉仕をもたない人びとのうち7％は都市地域社会に住み、93％は人口稀薄の土地、すなわち住民二千五百以下の地域社会にいる。

j　合衆国にある三万三千六十五郡区（County）のうち千百三十五はその管轄区域内に公共図書館をもっていない。

k　住民二万五千～十万の四都市、住民一万～二万五千の五十五都市、住民二千五百～一万の五百七十七町村および小市は公共図書館をもっていない。

日本図書館協会の調査による『**日本の図書館、1954**』による「公共図書館の集計」の数字をかかげてみるとつぎのとおりである。

1　公共図書館数（分館をふくむ）七百五十三

2　蔵書：成人用図書千百十四万二千冊：児童用図書六十一万九千冊計千百七十六万千冊　開架冊数二百三十一万二千冊

3　年間増加図書冊数六十六万八千冊

4　閲覧者：（館内）千八百二十二万：（館外）八百五万人　貸出登録人数四万五千二百人

5　読書会：A（読書会活動を中心とするもの）五万六千五百六十一人：B（館外貸出のために組織したもの）二十三万四千七百二十一人

6　巡回（貸出）文庫利用者二百三十五万五千人
7　自動車文庫五十一（教育委員会七）
8　職員：専門職千五百九十二（兼任二百二十八）：その他千六百三十一（兼任六百七十五）計三千二百二十三（兼任九百三）

わが国の公共図書館館集計においては、「どれだけの**人間**が図書を閲覧したか」に重点が置かれ、「どれだけの**図書**が利用されたか」についての関心がうすいように思われる。すなわちランガナタンのいう「図書は利用するためのものである」という意識が乏しく、むしろ図書資料「保存意識の過剰」が、骨がらみとなってこびりついているのではあるまいかという感がする。

B　アメリカ人は読書国民か

それならばアメリカ人の大多数は、「読書」活動をしているかというと、これはきわめて大まかな比較であるけれども、成人のうち25～35％が一カ月に一冊ないしそれ以上の図書を読んでいる。ところが45～50％の成人は二週間に一回あるいはそれ以上に「映画」を見、60～70％の成人がきまって一種あるいはそれ以上に「雑誌」を読み、85～90％の人びとが、これまたきまって一種ないし数種の「新聞」を読み、90～95％が毎日十五分ないしそれ以上「ラジオ」を聴いているというのである。すなわち普通一般のマス・コミュニケーションの媒体から考えて、ほとんどすべての成人がラジオを聴いているのに対して、「読書」をするものは四人に一人の割合で一カ月に一冊の書物を読んでいるだけである。そうすると図書館奉仕にもこの制限が及ぶわけであって、「読者」と定義されるものは、成人人口の一部に過ぎないということになる。この定義を延長して一年に一冊ないし数冊の書物を読むものを「読者」とみても、その資格にあてはまるものは、せいぜいで全人口の半分にとどまるということになる。

ここに挙げる資料は、高度の教育を受けたものを高率にふくむという点で、全体の住民と比較観察するばあいとでは、この解釈に慎重を要するものがある。毎月一冊ないしそれ以上を読書するものはカナダ40%、イギリス45%、チェコスロヴァキア65%となっており、ギャラップ世論調査所が試みたある種の読書調査（"The preceding evening" reading）によるとデンマーク23%、スウェーデン21%、ノルウェー21%、フランス21%、カナダ19%、オランダ17%、合衆国16%、イギリス11%、イタリア5%となっている。

以下主としてＳＲＣ[7]を中心として、各種の調査を挙げることにする。

読書量（一月）		読書量（一年）	
無	70%	無	48%
一冊	13%	一～四冊	18%
二～三冊	8%	五～十四冊	16%
四冊以上	8%	十五～四十九冊	9%
無回答	1%	五十冊以上	7%
		無回答	2%

これは読書量の最大限を示すものとみてまちがいないと思われるが、さらに「読書」と他のマス・コミュニケー

7 Survey Research Center, University of Michigan: "The Public Library and the People; a National Survey Done for the Public Library Inquiry. 1947"

ションとの関係を、「読者」すなわち一年間に一冊以上図書を読んだことのある成人と、まったく読書していなわないものとの比率をみると、つぎのとおりになる。

種　別	読者	非読者
毎日一種あるいはそれ以上の新聞を読む	91%	76%
一日二時間またはそれ以上ラジオを聴く	69%	68%
きまって二種あるいはそれ以上の雑誌を読む	71%	39%
一カ月に二回あるいはそれ以上映画をみる	58%	45%
一年に一回あるいはそれ以上講演または演説をきく	29%	14%
ときどき政府の刊行物を読む	58%	37%

この結果は調査の対象となった人びとの経済的水準（収入）なり、教育の程度なり、一般文化に対する感受性なり、マス・コミュニケーションの媒体を容易に利用できる環境にあるということなどに原因するものである。しかし「読者」という階層は読書ということだけを、唯一のコミュニケーションの方法と限っているものでもないし、またこれに囚われているわけでもないところに重要な意義がある。どの地域社会でも「読者」層は一般にマス・コミュニケーションに関心をもつ仲間のうちで、もっとも支配的な地位を占め、どの媒体にも注意を払う人たちである。

ところで「読者」はどこから図書資料を手に入れるか。図書の供給源としての図書館の役割と、他の入手経路との関係について観察しなければならない。これは成人と青少年、黒人と白人とでちがうし、また地方的にも相違がある。しかし中心的な傾向として、「典型的」あるいは「代表的」な概数を示すことができる。むろんそれは大ざっぱなものではあるけれども、相当に根拠のあるものである。

供給源	成人		青年	
公共図書館	25%	64%	19%	25%
学校図書館	―	―	―	40%
友人から借りる	20%	8%	23%	5%
買う・家庭文庫	35%	6%	40%	20%
貸本屋	8%	6%	7%	2%
その他	10%	16%	11%	8%

C　図書館の利用はどうか

つぎにアメリカではどのような種類の人びとが、図書館を利用しているか。これを知る資料は雑多であるが、いろいろな角度からこれをうかがってみることとする（各種の調査資料による）。

年齢層	A館	B館	C館
青年	44%（二十〜二十九才）	78%（十〜二十九）	67%（二十一〜四十四）
中年	32%（三十〜四十四）	11%（三十六〜四十九）	21%（四十五〜五十九）
老年	24%（四十五才以上）	11%（五十才以上）	12%（六十以上）

教育種別	A	B	C
小学校以下	13%	4%	25%
中等学校	71%	50%	42%
大学	16%	46%	33%

性別	A	B	C	D（※参考図書館）
男	46%	56%	84%※	41%
女	54%	44%	16%	59%

職業別	A	B	C	D（※参考図書館）
専門家支配人階級	6%	7%	59%※	14%
ホワイトカラー	15%	12%	9%	19%
熟練・半熟練労働者	3%	7%	―	4%
不熟練労働者	2%	2%	―	3%
学生	59%	50%	5%	38%
主婦	13%	19%	1%	6%
その他	2%	3%	3%	16%

経済水準	A	B	C
高度	21%	12%	41%
中等	62%	76%	52%
低度	17%	12%	7%

未婚・既婚	A	B	C
未婚	38%	42%	35%
既婚	29%	26%	25%

都市と村落	登録者	利用者	調査実数
都市	23%	21%	八百二十一
村落	15%	15%	三百三十

人口別（都市）	住民の登録率	一人当たり年間貸出図書数	抽出調査図書館数
二万五千～三万五千	39%	五・一冊	三〇
三万五千～五万	34%	五・〇冊	二七
五万～十万	28%	四・九冊	三一

人口別（都市）	住民の登録率	一人当たり年間貸出図書数	抽出調査図書館数
十万～二十五万	24%	四・〇冊	二八
二十五万以上	23%	三・六冊	三六

図書館からの距離	登録者	利用者	登録・利用無
¼マイル未満	35%	34%	19%
½～¾マイル	33%	28%	35%
1～2マイル	21%	―	―
1～5マイル	―	19%	37%
2マイル以上	13%	―	―
5マイル以上	―	8%	9%

館外貸出と館内奉仕	ボストン	ロサンゼルス	セントルイス
館外貸出	66%	71%	75%
レファレンス・インフォメーション	34%	29%	25%

図書の種類／人口	二万五千～五万人	五万～十万人	十万～二十五万人	二十五万人以上
小説	67%	65%	62%	54%
非小説	33%	35%	38%	46%
有用技術	4%	4%	4%	5%
美術	4%	4%	4%	5%
文学	4%	4%	4%	5%
伝記	3%	4%	4%	4%
社会科学	3%	3%	3%	4%
歴史	3%	3%	3%	3%
哲学・宗教	2%	2%	3%	3%
旅行記	2%	2%	2%	2%
自然科学	2%	2%	2%	2%
その他	6%	7%	9%	13%
調査図書館数	31	18	13	20

利用頻度	A	B	C
一週一回以上	33%	22%	19%
二週間ごと	47%	24%	13%

利用頻度	A	B	C
一月一回ぐらい	20%	18%	25%
一月一回以下	―	36%	43%
調査人員数	一五九〇八	三〇八	二二八

D　図書館奉仕をどう考えるか

図書館の読者が図書館奉仕をどのように見、どのように感じ、またどのようにうけとっているかを知ることは興味のあることである。例えば図書館の目録について言えば、たとえ開架制であっても、目録の必要なことはもちろんであるが、その目録について読者は（1）目録のことは知っている、しばしば利用する4％、（2）目録のことは知っている、これまで利用したことがある45％、（3）目録のことは知っているが利用したことはない13％、（4）目録のことは知らない29％、（5）確定できない回答9％となっている。

それならば図書館奉仕に満足しているかという問いに対して、無回答を除いて70％ないし80％が「じゅうぶんに満足している」と言っているが、「部分的に、または時どき満足している」というのが14％ないし16％ある。そして「満足していない」というのが5％ぐらいあるが、しかも不満の原因は主として蔵書構成の不備が圧倒的で、そこに図書の選択と図書の充実とが問題となるのである。図書館職員に対する不平はきわめて微弱であるといわれている。

図書館を常時利用している読者は、図書館を自分のものと感じている。したがって図書館に遠慮なく希望なり意見なり提案なりをぶちまけて、図書館奉仕の改善を要求しているのである。つぎにこれを掲げる。

1	案内標識の改善	20.2%
2	開館時間の延長	10.1%
3	貸出図書の設備充実	9.0%
4	貸出制度の改善	8.3%
5	図書館奉仕の拡張	7.7%
6	図書貸出期間の延長	7.4%
7	開禁制――賛成と反対	6.8%
8	低部書架の廃止	5.5%
9	貸出図書数の増加	4.4%
10	図書の検閲――賛成と反対	4.1%
11	準備された書目の配布	3.4%
12	分館における展示会	3.2%
13	音楽・美術等の特別集書の設定	3.0%
14	分館で講演会の開催	2.6%
15	図書に出版社の広告・梗概《こうがい》をはりつける	1.5%
16	掲示板の改良	0.9%
17	図書の選択に読者の参加	0.9%
18	図書館メンバーシップの制限	0.5%

19　家庭に図書の配布　0.5%

V　図書館政策を決定するもの

図書館の機能は多方面にわたっている。図書館には過去の世界の知識が集積されていて、その知識を求めて多くの人びとが群れつどうている。図書館の種類も数も多く、図書館を利用するものは老若男女その数は少なくない。しかし局外からこれを大観し、概観することは困難ではない。われわれは以上かかげたアメリカの図書館の調査統計から、われわれの図書館政策を決定するため、どんな養分をとり入れたらよいのであろうか。

近代世界の一般公衆は知識を得るために、また自からを教育するために、そしてレクリエーションを楽しむために多くの時間を割いている。そのために多くの人びとはまた、マス・コミュニケーションの媒体にも多くの注意を払っている。彼らは新聞を読み雑誌を読み書物を読むばかりでなく、映画を観、ラジオを聴いている。人間が一日のうち目ざめている時間の少なくとも四分の一は、これらの活動のどれかに使っているというのが、ふつうの成人の常態といってよいであろう。しかし「読書」は、新聞や雑誌や映画やラジオにくらべると、もっとも少数の人びとに好かれている特殊性の強いものであり、調査研究的要素が多く、それだけに図書館を利用するものの数は多くない。前にあげたアメリカの例をみても、住民の35%が図書館を利用しているに過ぎない。それにもかかわらず図書館は、地域社会において図書の供給源として重要な地位を占め、児童も青年も成人も、その借りて読む図書の多くを、アメリカでは公共図書館から提供され、図書館は貴重な奉仕をしている。

図書館の「読者」は、地域社会に住む人びとの少数者であるけれども、あらゆる階層、あらゆる職業、あらゆる年齢、あらゆる種類の個人を網羅している。しかしこれを図書館の「読者」として観察してみると、そこにハッキリした特徴を認めることができる。まず（1）**児童と青年**とが大部分を占めている。成人のうちでも年長者よりも年少者が、多く図書館を利用している。つぎに（2）図書館の「読者」は集団として、全体の住民よりも**高度の教育**を受けている。すなわち図書館を利用する成人は、図書館を利用しないものよりも、学校教育をうけた年限が長いということである。図書館を利用する読者のうちには、学歴のないもの、低いものもあり、図書館資料を貴重な目的に利用しているものも少なくないが、それは原則というよりも例外である。一般に言うならば図書館は、正式な教育をうけたもののための施設であり機関である。学校教育をうけないものにとっては、図書館の商品は余りにも複雑であり、かれらの習慣や関心に程遠いものであるということができる。

すでに述べた二種類の人びと――年少で、一般以上に学歴のある公衆は、図書館のお客様であるのだが、（3）アメリカでは**女性**が男性よりも多く図書館を利用するということである。それは多くの人びとが考えるほどに多数でないにしても、日本の社会よりは遥《はる》かに上廻っていることは疑いないところである。これは今後のわが対外活動にぜひとも開拓しなければならない分野として、読者の脳裡《のうり》にふかく記憶してもらいたいところである。さらに（4）**熟練労働者**が不熟練労働者よりも多く図書館を利用し、（5）**経済的に余裕の**あるものが、貧困なものよりも多く図書館を利用し、（6）**未婚**の成人が既婚者よりも比較的に多く図書館を利用し、（7）図書館の近くに住むものが――**近距離**のものが、遠くからはるばると来館するものよりも、図書館を多く利用しているということもまた事実である。

このように考えてくると、図書館の「読者」なるものは地域社会の代表的階級ではない。もとより公共図書館は広く門戸を開き、あらゆる種類の人びとを招いていることは事実であるが、図書館の「読者」は地域社会の住民に比例した代表的存在であるということはできない。図書館は民主的機関であるという意味は、すべて図書館に来るものに自由に無料で、それが開放されているということである。しかし図書館の読者は「自己選択」によって、多少なりとも地域社会で特殊性をもった集団を形成しているのである。

さらに図書館は（8）「**中産階級**」のための機関だということができる。金持ちは図書館を利用しなくとも、その必要な図書を自分で買うことができる。そして貧乏人は書物を読むことすら困難な事情のもとにある。図書館の読者は読書を容易に、かつ有効にするだけのじゅうぶんな正式の教育をうけ、しかも必要とする図書をすべて自身で買うだけの金銭的余裕に乏しいものから構成されている。

図書館の「読者」は、（9）書物のほかに**新聞**を読み**雑誌**を読み、また**ラジオ**を聴き**映画**を観ている。地域社会にあって他のコミュニケーションの媒体にも、広く関心をもつ仲間である。このように世界に関する豊かな思想と知識とをもつ図書館の「読者」は、（10）地域社会の「指導者」といわれないにしても、「**有識者**」であって、その意見は多かれ少なかれ他の人びとに影響を与えている。図書館はこれらの読者を通じて地域社会の住民に、間接ながら重要な影響を及ぼしている。しかも現実に図書館の「読者」というものは、（11）**比較的少数**な人びとに凝集されている。成人の多くはまったく図書館を利用していない。そのあるものは時どき図書館に行くことはある。しかし図書館活動の大部分は、図書館をしばしば訪れ、図書館を活発に利用するもののために献げられ、多くの図書館奉仕が、そのために企画されている。けれども図書館の「読者」は果たして、図書館を「もっともよく」利用しているかどうかは、にわかに断言することはできない。

図書館の対外活動は図書館の「読者」が、「比較的少数」であるという認識から出発しなければならない。それは図書館の利用者が、絶対量で少ないという意味ではない。地域社会の「比較的少数」とは、住民のうちでもっとも強い勢力をもち、文化的要素として重要な人びとなのである。彼らは「自己選択」によって文化的先覚をもって自任し、図書館資料と本気になってとりくむ「比較的少数」なのである。対外活動によって図書館奉仕を一般に普及するということは、まずこれらの文字どおりの「比較的少数」な文化的尖鋭分子に奉仕するということである。そのためにはどんな方策を意識的にまた慎重に講じたならば、それが図書館に固有する任務に相当するかという意味である。図書館の潜在的読者——それはやがて図書館を積極的に利用してくれるものと期待できる地域社会の成人層——と呼ばれるものは、決して地域社会の全住民と等しい量ではない。図書館は今日でも少数の人びとに奉仕している。なおしばらくはそれを続けるであろう。しかしより少数の人びとに、より高い優れた性質の奉仕をしたからといって、それで図書館の声価が一どきに地に墜《お》ちるのではない。むしろ、かえってこのことが、地域社会の利益を助成することにもなるであろう。

　図書館は図書館資料をもっとも適当な条件で、もっとも適当に普及することが、もっとも重要な課題なのである。しかし図書館の施設・経費・職員は、時間的にも場所的にも制限されている。図書館はすべての人びとに一切の存在であることはできない。図書館の対外活動においても、誰のために、何を媒体として、何事をなすべきかを決定しなければならない。

　現在の図書館は、合理的決定にもとづいて図書館資料を提供し、これを読者に配布しているというよりも、伝統的成長の結果に依存していることが多いのである。図書館は社会的に欠くことのできない施設であり、また社会的責任をもつ機関である。そのことからここに、図書館の目的について自己分析が必要なのである。自己是正のために新しい実験が要求されているのである。図書館の「読者」は現実の読者も潜在的読者も、地域社会で特別な階級組織をつくっている。図書館の対外活動は、どの層に向かって価値的順序づけをするかということである。図書館は地域社会の知的風土（intellectual climate）のうちに存在していて、その領域から離れることはできないものである。図書館がそのユニークな力を開発させることをするならば、それによって地域社会の知的風土はいよいよ発達し、ますます豊かさを加えることになる。これを促進させることが対外活動の本質的な仕事である。

われわれは現実の世界に立って、理想の世界への一歩をすすめるべきである。そのために対外活動を企画すべきである。

5　図書館体系と対外活動

I　わが国の図書館奉仕

書物は万人のために存するものであり、すべての図書をその読者に提供し、一般公衆、庶民の誰かれを問わず、いつでも・どこででも無料で自由に、容易に近づくことのできることが、近代図書館の基本的理念であるとするならば、図書館の内部で図書を閲覧させると同時に（参考事務ならびにインフォメーション・サーヴィス）広くこれを館外に貸出し、学問芸術の参考書といわず、修養娯楽の図書といわず、ともに愉しく読ませることが近代図書館の使命といわなければならない。そしてこの目的をあまねく徹底させるために、「伝統的」なやり方から「近代的」な方法に転換するとき、最初は熱心のあまり、向こうみずの危険が存在していたかも知れない。しかし一たん適当な方法で図書を貸出すことに成功し、さらにその方法を改善してゆくことを発見してからのちの近代図書館は、これを推進してゆくことを、その特徴とするようになったのである。

図書館の対外活動は図書館それ自身の資料を通じて、あるいは他の友好団体ないしは関係連絡のある同種機関の協力を得て、それぞれ地域社会の必要とする資料または個人の希望する図書を、おのおのの人びとにそれぞれ供給することを目的とするものである。すなわち図書館奉仕の拡張であり伸展なのである。ところがわが国の公共図書館の現状は、図書館奉仕のかけ声ばかりが高くて、実際はこれに伴わないという憾があるのではなかろうか。

日本図書館協会の調査による『**日本の図書館、１９５４**』にある「公共図書館の集計」は、これを前章にかかげておいた。今これをアメリカ連邦教育庁の発表とくらべて、そこに二つの国の公共図書館の相違が認められる。数字の桁はずれのちがいはしばらく問わないとしても、もしわが国図書館の奉仕活動が、これで満足すべきものであるとするならば、それは「自己欺《ぎ》瞞《まん》」である。このような公共図書館の実体をもとにしてわれわれは、「自己分析」と「自己矯正」をおこない、図書館政策の改善とサーヴィスの向上に勇気をふるわなければならない。

　もう一度、わが国の図書館奉仕活動の実体を、ある特定の地域について検討するために、同じ資料から**大阪府**だけについてみることとしよう。

館名	管内人口	蔵書冊数	館内閲覧	館外閲覧	巡回文庫	個所利用人員
大阪府立	四百三十八万四千七百	六十四万七千三百九十六	五十万三百七十七	一万四千九十八	四十七	七千二百八十一
同天王寺分館		八万八千三百六十五	五万千四百四十四	—	—	—
大阪市立	二百三十八万九千	二万七千二百六十九	十六万五千四百九	—	—	—
同分館			三万三千二百三十六	—	—	—
吹田市立	八万七千二百	三千百七十八	一万五千八百九十三	—	—	—
泉大津市立	三万七千六百	一万九千九百七十四	五千五百二十三	一万千七百三十八	十九	一万二百
豊中市立	十一万二百	一万六千九百八十五	二万千六百九十八	一万六千二百四十三	四	七百七十一
布施市[1]［立］	二十二万九千三百	八千四百八十二	一万五千八百	—	—	—
岸和田市立	十万三千五百	二万三千九十七	六千九百八十九	三千四百四十九	—	—

館名	管内人口	蔵書冊数	館内閲覧	館外閲覧	巡回文庫	個所利用人員
堺市立	二十二万九千三百	五万千四百五十六	八万九千六百十三	二万四千九百十一	三十六	四千五百
河内長野市立	三万二千	四千二百十八	八千二百九十六	一万九千六百五十四	—	—
泉佐野市立[2]	五万千	九千二百四	二万三千二百三十八	一万六千四十九	二十	—
西能勢村立	六千五百	三千七百七	—	—	—	—
財団法人阪急学園池田文庫	四万五千	四万五千九百七十八	—	—	—	—
北池田村立	四千三百	八百六十	四百	百三十八	—	—

〔註1、2：公民館と併設。なお大阪府立図書館は自動車文庫一台、ステーション四十八、利用延人員一万六千五百六十人。豊中市立図書館は自動車文庫一台、ステーション十四、利用延人員一万四千八百三十二人である。〕

わが国の公共図書館が、館内閲覧という他の文明諸国に類例の少ない（館内閲覧という文字が、英米の図書館用語にないことは前に述べておいた）方法を枢軸《すうじく》として読者に奉仕しているために、比較的に時間に余裕のある学生や、勉強の場所をもたない白線浪人《はくせんろうにん》によって図書館の座席が占領され、望ましい図書館のパトロンである勤労階級や主婦たちは、図書館に近よることが困難であることは、多くの図書館統計によって実証されていることもすでに述べた。仮りにこれらの人びとが図書館に近づくことができたにしても、そこで落ちついて多くの時間を読書の法悦《ほうえつ》にひたり得ることは、ほとんど不可能である。しかも家庭で図書を利用する（home use of books）便宜は、少しも顧みられていないのである。ところがここにかかげた断片的な数字によると、館外閲覧（貸出）を実施している多くの図書館が、その蔵書の数と比較して活発に動いていることに徴して、館外貸出の踏みきりがつかないで躊躇している図書館があるとすれば、それは卑怯であり、臆病であり、「資料保存意識の過剰」であるといわなければならない。

とくに都市と農村とのあいだに、図書館利用の機会が不平等であることは、民主国家として、この上この状態が続いてゆくことは、とうてい黙認することのできないことなのである。農村の生活水準が向上し、農村の教育が進歩してくるならば、農村の住民はもっと図書館施設を利用し、農村社会の指導者ならびに団体は、図書および図書館奉仕に関心を加えることにならなければならない。

一方には組織もととのい、適正な財政的支持をもち、立派な図書館奉仕をしている農村図書館があるにちがいないが、また他方には財政的に貧弱であって、公の費用よりもむしろ地域社会の非公式な努力（寄附）によるため、適正な図書館奉仕のゆきとどいていないものもあろう。このような状態は、世間の輿論がよい公共図書館の価値および普遍的な奉仕について、いまなおじゅうぶんに知らせられていないというのが根本の理由である。輿論が図書館の価値を認め、図書館奉仕の水準を高く評価するならば、桃李《とうり》おのずから径《みち》をつくって、一般大衆の支持と援助とをうけることとなるであろう。

伝えるところによればアメリカの国会に、「図書館奉仕法案」（Library Services Bill）なるものが提出されているということである。この法案の目的は、住民一万以下の農村地区に、公共図書館の奉仕を徹底させるにある。そのために連邦政府は、年額七百五十万ドルの資金を五年間にわたって支出するというのである。この法案が通過したあかつき、いまなお二千七百万にのぼる直接の図書館奉仕からもれているかの国民にとり、それがどんなに大きな福音となるであろうかと想像しただけでも、われわれは胸のときめくおもいがするのである。図書館奉仕の完璧を期するということは、きわめて困難なことであるにちがいない。しかしかつて五千万の図書館奉仕をもっていなかったものが、その半分に減ったということだけでも、アメリカ図書館の三十年間になしとげた努力の結果に、頭の下がる偉大さがわかるのである。

Ⅱ　図書館奉仕の単位としての市町村

図書館奉仕の立場から言うならば、図書館がどれだけ多くの人びとに奉仕しているかが根本の問題であって、どれだけ多くの図書館が存在しているかということにあるのではない。図書館の種類をその奉仕圏によってわけ、これを奉仕単位として、その圏内にあるすべての人びとに奉仕の責任を果たしているかどうかによって、その図書館を評価することができる。それだから大きい単位の公共図書館は、小規模の図書館とくらべると奉仕圏も広く、奉仕の責任も重大だといわなければならない。その半面にはまた大きい単位の図書館奉仕は、隅ずみにまで行きとどかないで、いわゆる靴をへだてて痒《かゆ》きをかくという欠陥がある。これに反して町村の小規模な図書館では、読者（利用者）と図書館職員との関係は親密であり、蔵書構成も地域社会の住民を中心に計画することができるし、[1]かの長鞭馬腹《ちょうべんばふく》に及ばずという憾は少ないのである。したがって公共団体のうちでも、市町村を単位として図書館が設立されることが望ましいのである。図書館奉仕の立場からすれば、市町村の図書館はもっとも有効で、かつもっとも適切な施設ということができるのである。

　さきに述べたようにオルセンは「学校の奉仕地域」を「郷土社会」と考え、これを基底としていると同じように、図書館奉仕もまた郷土的地域社会を中心に、住民の身近で経営されることが望ましいのである。それは（1）

1　竹林熊彦　図書の選択　蘭書房　昭和三十年　107～109頁

土地の事情および一般公衆の希望にそうことができるばかりでなく、(2) 容易に図書館奉仕の利益をうけることができ、これを理解することもまた困難でない。さらに (3) 図書館の必要とする費用も、明確に知ることができて、これを監視しうるばかりでなく、郷土的の問題は独自の立場から必要に応じて、これを効果的に処理し、解決することができるからである。

「**社会教育法**」(昭和二十六年七月十日法律第二百七号) において公民館は、市町村を設置主体とする建前をとっているのは (第二十一条)[2]、公民館がその設置される (郷土的) 地域と離れることのできない関係をもって運営され、つねに地域社会を基盤とし、地域住民の全部の参加と支持と協力とに立つからだといわれている。[3] しかし市町村図書館もまた「市町村住民のための、市町村住民による、市町村住民の」文化施設であることにおいては、公民館とかかわりのないものであり、目的と手段と方法とにちがいがあるにしても、ともに社会教育の機関であり、社会教育の目的を遂行するにおいては同一の立場にあるものである。ただ図書館のばあいには、府県もまた設置三体となることができるのであるが、神戸《かんべ》勧告《かんこく》における行政事務再配分の提案では、社会教育が住民のもっとも身近な行政であることにかんがみ、これを市町村の責任とし、府県は第二次的に、市町村が処理することが不適当な事務を行うことを建前とすべきであるとしている。[4]

---

2 社会教育法　第二十一条　公民館は、市町村が設置する。

3 寺中作雄　社会教育法解説　社会教育図書KK　昭和二十四年　119~120頁

4 杉村章三郎　地方自治制綱要　弘文堂　昭和二十六年　229~230頁

A　町村図書館のばあい

山口県阿武《あぶ》郡《ぐん》旭《あさひ》村《そん》明木《あきらぎ》図書館は、明治三十九年（一九〇六）十一月一日に開館されてからここに五十年、管内人口二千四百人、蔵書数一万三千二百八十一冊〔一人当たり六・六冊〕、館内閲覧六千八人、館外閲覧三千二百十〔計九千二百十八人、管内人口の四倍弱〕、貸出登録者千七人〔管内人口の42％〕、読書会4（百六十人）、経費総額十五万二千円〔一人当たり六十三・三三円、なお山口県立図書館経費は人口当たり五円弱〕、年間増加図書三百八十冊、開架図書五千六百九十冊と記録されている。[5] このような村立図書館の奉仕活動は、わが国では例外的な稀有のばあいということができるのであるが、これはひとえに館長**伊藤新一**《いとうしんいち》の熱烈な郷土愛と、徹底した図書館奉仕の精神と図書館資料の効果的運用とが互いに作用して、図書館を地域社会の生活中心・知的活動の重心につくりあげ、老若男女の日にちの営みに力強い寄与をなすに至った結果とみることができる。そのうえ図書館と小学校とが、同じ場所に軒を並べているという環境にもめぐまれ、[6] また瀧口吉良《たきぐちよしなが》のごとき有力な財的後援者をもっていたことにもよるが、半世紀にわたる伊藤の不断の努力によることは更めていうまでもない。（昭和三十一年五月二十九日、七十二歳にて長逝《ちょうせい》）。

もともとわが国の町村は、江戸時代に自然発生的に自治制として発達したものが、そのままに引きつがれて明治二十一年に市制町村制が制定されたときに、法人格をもつようになって今日におよんだもので、特定の土地に

5　日本図書館協会編　日本の図書館、1954　35頁

6　草野正名　日本学校図書館史概説　理想社　昭和三十年　130頁

住む住民から構成され、郷土的地域社会の特色をもっているのである。町村は地方公共事務を一般に処理することを目的とする法人であるから、国その他の地方団体に属しない範囲で、さまざまの施設をなし、いろいろな事業を営むことができる。図書館もむろん町村の行いうる施設の一つであって、ふつう町村は図書館奉仕および図書館維持の単位となるのである。したがって住民はこれを共用する権利をもつと同時に、そのために必要な費用を分担する義務を負うものである。しかし非常に小さな図書館は不経済であり、またその図書館奉仕もじゅうぶんに効果をあげることができない。とくに最近の地方財政の実際は、地方公共団体の営むさまざまの事業――警察・消防・保健衛生施設・学校・病院・公園・運動場などの経営と維持とに重圧を加えているほどに財源に乏しいのである。そのため公立図書館を設置しているのは、最近の調査によると百三十八町の7・4％、六十七村の2・7％であるといわれている。

昭和三年三月の調査による全国内地公立図書館三千六十一のうち、もっとも多数を占めていたのは町村立小学校に附設されていた町村図書館であって、その数は二千九百三十六に達し全体の95％以上であった。その多くは小学校長を名誉職の図書館長に据《す》え、図書館職員――司書および書記には小学校もしくは補習学校の教員が兼務（パートタイム）し、年額数十円ないし数百円の報酬をうけた片手間仕事であったから、図書の整理も図書の奉仕も適正を欠いていたことはいうまでもない。当時は青年団に属する人びとのうちに熱心な有志家があって、図書館奉仕のために挺身し、あるいは理解のこもった後援や支持を与えてくれたものもあったが、どこでもというわけではなく、例外的のばあいが多く、長く続かなかった。

戦後の町村図書館は、とくに専門的教養と訓練とを具えた専任職員をうることは、たとえ低額の俸給であっても不可能にちかいものとなったばかりでなく、書価の膨脹したため、乏しい図書費では読者の関心をつなぐに足るだけの図書を購入することすら覚束《おぼつか》ないありさまである。このような状態では町村図書館を設置したところで、低度の奉仕しか行うことができないであろう。といって田舎の人たちは、わざわざ都会まで出かけて、不規則な制限された都市図書館の開館時間に、都合よく間にあうような旅行計画を立てるということも困難であろう。まして町村図書館が広い範囲にわたって、単独で対外活動をする余地は望みうすいであろう。しぜん町村図書館の奉仕活動は公民館とタイアップするか、公民館図書部に代行させるようになったとみるべきであろう。

B　市における図書館館奉仕

以上のように見てくると、市立図書館のほうが町村の図書館とくらべて、奉仕単位としては遥かに活動の分野が広いことは疑いないところである。市の住民は町村よりも数が多く、しかも纏《まと》まっているばかりでなく、富の力において図書館奉仕を高度に発展させる機会をおのずから備えている。むろん弱小の市がないでもないが、相当の市では——その数は少ないと思うが——資格のある図書館専門職員を置くこともできるし、その蔵書構成をアップ・ツー・デイトなものとして活発にうごくこともできるし、その運用も効果的な方法が講ぜられるであろうし、また大きな組織だけに融通のきく経済的なあり方も考えられるであろう。

そればかりでなく市の図書館では、それが可能な事情であるならば分館をつくるなり、閲覧所を設けるなり、停本所を置くなりすることによって市民のすべてが、歩いて十分ぐらいでゆける距離に図書を備えておくこともできる。なお断えず弘報活動を怠らなければ市民の誰かれを問わず、あらゆる種類の人びとがあらゆる条件のもとに、図書館奉仕を自分たちのものと考えるようになるにちがいない。わが国でもおいおいと市が図書館奉仕の単位となる傾向が強くなり、二百九十八市（区）のうち58・1％に公共図書館が見られるようなったというのは喜ばしいことである。

市における図書館奉仕と関連する問題は、学校その他の郷土的地域社会の文化機関が相当の図書資料をもっているとき、非公式に地域社会に図書館奉仕をすることの是非である。今からほとんど五十年前の明治四十一年（一九〇八）に、広島高等師範学校では広島県から六千円の寄附をうけて公衆閲覧所などを増設し、その年の四月一日から年齢十五歳以上のものに、休日を除いて無料で学校図書館を公開し、官立学校におけるこのような先例を開いたことを誇りとしている。当時広島市には一つの公共図書館もなかったし、その後も久しく公共図書館をもたなかった。学校図書館は市の公共図書館の代用をするものでもなく、時としてはむしろその発展を阻《はば》むことすらある事実を忘れてはならない。

しかしながら郷土的地域社会の学校では、その図書館施設が正式の教育活動に使用されていないときには、その地域社会に役立てることをしなければならない。学校はこのような地域社会への奉仕を心において、準備され計画されなければならない。「**学校教育法**」（第八十五条［平成二十八年改正後は第百三十七条］）によれば学校は学校教育上支障のないかぎり、社会教育に関する施設を附置し、又は学校の施設を社会教育その他公共のために利用させることができるのであるし、また「**社会教育法**」（第四十四条）にも、学校の管理機関は学校教育上支障がないと認めるかぎり、その管理する学校の施設を社会教育のために利用に供するように務めなければならないと規定し、さらに「**学校図書館法**」にも、学校図書館はその目的を達成するのに支障のない限度において、一般・公衆に利用させることができる（第四条二項）といっている。学校図書館は卒業生やＰＴＡの両親の利用に供しなければならないことは言うまでもない。

ミシガン州のグランド・ラピッズ（Grand Rapids）は学区制による図書館組織となっているため、二十三の図書分館のうち二十二までが学校の建物に附置されていて、十二あるいはそれ以上の室をもつ新しい学校建築は、すべてその学校と地域社会とに、ともに奉仕する図書分館とする目的で営造《えいぞう》されているということである。わが国でも大阪市の西六《にしろく》小学校に、明治四十二年（一九〇九）西六文庫・西六図書館が設置されていた例もある。古い例をたずねるならば明治十三年（一八八〇）北海道根室の公立花咲［小］学校で、その蔵書を市民に校外貸出しをした事実があり、また明治十年（一八七七）ごろから愛知・静岡・滋賀・徳島・秋田・栃木・新潟・埼玉・岐阜などの師範学校附属図書館が、一般公衆に図書の閲覧奉仕をした実例がある。また京都府立図書館長**湯**《ゆ》**浅吉郎**《あさきちろう》は、その児童図書館の成功を喜び、これを拡張して全市の小学校と交渉し、その分館というようなものを校内に設け、放課後または休日に開く計画を夢みたことがある。学校教育に与える「支障」という点にはいろいろと解釈もあろうし、またこれを克服するにはどんな方法を講ずればよいか。それらの問題は別として、学校は必要のばあいに、市の図書館奉仕拠点としてブック・ステーションの役目をふつうには果たし得るものである。[7]

Ⅲ　府県図書館の職能

すでに述べたように、わが地方自治団体のうち市町村は、沿革的にみて古くからその形態を備えていたのであるが、府県は徳川幕府が大政を奉還して解体したのち、とりあえず地方行政を府・県・藩の三治制とし、明治二年の藩籍奉還ののちでもなお、旧藩主を藩知事として封建制の実体を存続させていた。明治四年廃藩置県が断行されると、全国の地方行政区画は、府県を単位として統一されるようになり、明治二十三年（一八九〇）に府県

7　竹林熊彦　学校図書館は非公開でよいのか「学校図書館」第十三号　昭和二十七年三月
竹林熊彦　学校における図書館奉仕の史的研究「土」第三十号　昭和二十八年十二月
竹林熊彦　学校図書館の史的研究「土」第三十三号　昭和二十九年七月

制・郡制の公布をみるに至った。その後になって郡制は大正十年（一九二一）に廃止されたが、府県は現在でも憲法により一般行政権の主体である。

しかし府県の区域は、旧藩の領土をそのまま継承したところが相当にあって、封建的色彩をかなり濃厚に温存しているものがあるばかりか、明治以後、府県知事は中央政府の任命する官吏であり、しかも権力の強大な内務官僚の組織に基礎づけられていたため、知らず識らずのあいだに府県図書館の性格・機能にもその影響が及び、昭和八年（一九三三）改正の図書館令に**中央図書館**の制度をみるに至ったのである。すなわち府県知事は管内の図書館を指導し、その連絡統一をはかり、図書館機能をじゅうぶんに発揮することができるようにするため、文部大臣の認可をうけて、公立図書館中の一館を中央図書館に指定することとなり（第十条）、府県立図書館のあるところでは、ほとんど例外なしにこの指定をうけたのである。ついで文部省令によって図書館令施行規則がつくられ、中央図書館の構想が明らかにされたが（第七条）、それによると図書館の対外活動の全分野は、中央図書館の職能のうちにふくまれることになり、市町村の活動分野から取りあげられるようになったのである。

くりかえし述べてきたように図書館奉仕は、郷土的地域社会を中心に、住民の身近で経営されることが望ましい。府県の図書館が府県の全区域にわたり、全住民を対象として均等に図書館奉仕をするということは、ほとんど不可能にちかいというべきであろう。最善の図書館奉仕は個々の図書館によって行われて、はじめてそれが可能になるのである。府県図書館の奉仕は、市町村図書館の奉仕を不必要とするものであってはならない。むしろ市町村その他の図書館の設立を奨励し、その発展を助長し、図書館資料を補足する方法を講じ、経済的でかつ効果的な図書館奉仕を保障する道を開くべきである。府県が直接に個人なり地域社会に図書の奉仕をするのは、彼らが身近に適当な公共図書館施設をもつようになるまでの、暫《しば》らくの期間であるべきである。ところがわが国の府県図書館は、その所在する都市の市民に多くの奉仕をなし、かえって有力な市の図書館の発生と発達とを阻害《そがい》する圧力となっているのではないか。例えば著者の住居する京都市は、千年の古都で五大都市でありながら、一つの市の図書館をもたないあわれな国際文化観光都市なのである。これもひとえに有力な京都府立図書館が、京都市内に存在するがためであろう。

アメリカの各州は、何らかのかたちで州の図書館をもっている。著者の知るかぎりにおいて、その一つは（a）さきに述べた州の図書館委員会（Library Commission）である。図書館の対外活動を主要な特別の職能とするものである。つぎは（b）図書館の対外活動をその職能の一部とするものである。すなわち多少の図書は収集所蔵しているが、州の歴史・法律・記録に重点を置き、もともと参考図書館として州の立法議員ならびに州の職員にかぎって奉仕し、その利用を制限していたものである。なおわが国の地方議会図書室に類するものであったが、それがしだいにその機能を拡張して、現実には「州の公共図書館」としての実体を備え、地域の公共図書館あるいは個人に図書の貸出をするようになったものであって、その顕著な例はニューヨーク州図書館である。また（c）州の図書館とは言うものの、主として法律・記録を収集保存することを職能とし、ふつう州の最高裁判所の利用に供するために、その管理の下に置かれているものである。

むろん州によっては州の図書館とならんで、別に州の法律図書館をもつものがあり、また州の立法議会の図書館が州の図書館・法律図書館・図書館委員会の一部をなしているものがあり、それぞれ独立庁であるものもある。州によっては文書局や歴史局があり、また州の歴史図書館をもつものがある。このように州の図書館機関がまちまちであるのは、アメリカの特徴というべきものであろうが、また州立図書館の種類と数だけが増加して、その経営が浪費にちかい不経済に傾きやすいという根本の理由は、州の図書館の職能を狭く考える古い伝統的思想によるもので、そのため、あるいはその論理的結果として、州の図書館は政治的支配をうけ、政治的に管理されているということである。ふつうの公共図書館が図書館協議会あるいは教育委員会の管理に属しているのに、州の図書館長は州知事の任命によるか、州の立法議会の推薦によるものであって、なかにはこの任命方式を州の憲法に明文化しているところもあるという。

このようにアメリカの各州は、それぞれ図書館の対外活動機関をもち、あるいは対外活動機関を設ける立法があって、公共図書館奉仕をもたない郷土的地域社会に働きかけ、実際に奉仕していることは事実であるが、それでもその経費において職員の数において、また図書の数において不足しているため、その課せられている要求にじゅうぶん応じきれない不利の立場にあることも事実である。また限られた範囲ではあるが、州の他の機関を通じて住民に対して図書の貸出しを行っているけれども、それすらも満足すべきものではない。詮じつめたところ、すべての人びとに図書を提供するためには、郷土的地域社会を中心とする公共図書館奉仕のほうが、州の図書館奉仕よりもむしろ必要なのである。それというのは、図書館奉仕は読者と図書館職員と、読者と図書館資料との個人的接触によって営まれる場であり、これは州立の図書館では、とうてい果たし得ないことだからであるというのが、アメリカ図書館専門家の一致する意見なのである。

このように考えてくると、わが国の府県図書館の職能もまた、直接にその所在する都市の住民に奉仕するというよりも、むしろ全地域の全住民に対する対外活動をじゅうぶんに、かつ活発にするということに、重点を置くべきであるということができよう。

Ⅳ　府県図書館と対外活動

A　対外活動機関とその組織

わが国の図書館は、これまでしばしば見られたような封建的アウタルキーを清算して、府県を単位とする一つの対外活動の機関を組織することは、全国的に大きな図書館運動を展開する前提として必要であることは言うまでもない。府県に散在するもろもろの読書施設・図書館の勢力を結集し、あるいは図書館に関心をもつ個人・団体を糾合《きゅうごう》して、これを一つの組織とするなり、もしくはそれぞれの分野においてより緊密な提携をするなりして、府県図書館運動の母体とすることが望ましい。その中枢機関が府県の教育委員会であってもよいし、あるいはまた府県の図書館協会であってもよい。しかし現状から言えば、府県立図書館をもつところでは、府県の図書館がそのイニシアティヴをとり、責任を負うものでなければならないと著者は考える。

府県の図書館対外活動がどのような形式のものであれ、これを力強く推進させるためには相当の経費を必要とするものである。府県の教育委員会がそれらの費用を特別に支出することは、多くのばあいに期待できないし、府県の図書館協会について言えば、これまた計画倒れ議論倒れに終わることが多いであろう。府県立図書館には館長の諮問機関として図書館協議会を置くことになっており（図書館法第十四条）、その委員には図書館に関心をもつ個人および団体の代表のうちから任命されるのである。もしそれらの委員が自己の職務に忠実であるならば、地方の実情に即した、しかも住民の一般的希望にそうような具体的な意見を図書館長に伝え、図書館奉仕を実際に行う責任者とも言うべき図書館長を通じて、図書館の予算の範囲内において対外活動が実践されうるのである。

それならば対外活動の中枢機関として府県図書館は、どんなことをしたらよいのであろうか。以下すこしくこの問題について考えてみたい。

B　指導・助言

「図書館法」第七条に、「文部大臣は、都道府県の教育委員会に対し……その求めに応じて、図書館の設置及び運営に関して、専門的技術的指導又は助言を与えることができる」とある〔昭和三十一年改正で削除、代わりに第二十五条二として都道府県教育委員会の私立図書にに対する指導助言に関する規定追加〕。現在わが国で府県図書館のないのは兵庫県だけであるから、「図書館の設置」に関するかぎりにおいて、官庁の指導・助言は大した意味をもつとはいえないであろう。仮りに兵庫県教育委員会が県立図書館を設置することにつき、文部大臣の指導・助言を求めたとしたところで、他の府県並みに「公共図書館」的性格をもったほうがよかろうとか、愛知県立図書館のように館内閲覧は一切やめにして、専ら自動車文庫による巡回文庫をやったらよいとかいうぐらいの助言にとどまるであろう。その程度のことならば、何も中央官庁の指導・助言がなくとも、教育委員会が自主的に決定できることである。

しかし事ひとたび府県「図書館の運営」となれば、文部大臣の指導・助言の範囲は相当に広くなるであろう。もともと官庁の指導はそれぞれの図書館の自主性を尊重し、これを阻害しない限度において正しく指導し、育成を加える立場にあるものであって、あくまでも「求めに応じて」与えられる（a）**受動的**のものである。すなわち希望されたばあいにおいてのみ、発動する性質のものである。そしてそれは（b）**専門的技術的**な方法のみを指導するものであって、（イ）どのような図書を備えることが望ましいとか、（ロ）どんな組織が適当であるとか、（ハ）誰れが図書館長に適任であるとかなどであろう。しかし中央の官庁が地方の事情にいちいち精通しているわけでもなく、そのもつ専門的技術的能力もじゅうぶんとは考えられないので、中央官庁としてはむしろ（c）**図書館統計**その他の印刷物を発行するとか、**図書館専門職員養成講習**――とくに司書補――を企画し援助するとかの形をとることが、無難でもあり効果的であろう。

府県教育委員会は、市町村教育委員会ならびに私立図書館に対し指導・助言を与えることができるのであるが、府県社会教育主事または学校教育の指導主事のうちに、図書館の専門的技術的能力を備えた人が、そう沢山あろうとも思われないので、これらは府県図書館長およびそのスタッフの仕事となるであろう。すなわち郷土的地域社会が図書館を設置するときには、（イ）地域社会の関心を喚起して輿論を高め、（ロ）必要な経費を獲得する方法を考案し、（ハ）責任をじゅうぶんに果たし得る館長を推薦し、（ニ）適当な図書を選択し、（ホ）もっとも単純で効果的な運用方法を講ずるように指導・助言することである。

これらの指導・助言は既設の図書館についても、その運営に関して直接と間接とを問わず与えられるものである。すなわち（イ）図書館内部の行政問題を調節し、（ロ）図書館報の発行、（ハ）新刊図書の紹介、（ニ）府県図書館の総合的統計ないし便覧――教育委員会が行うものと重複しないように――の発行、（ホ）研究会・協議会・展示会・展覧会の開催ならびにその斡旋、（ヘ）夏期における図書館職員の研修施設、（ト）地方新聞または雑誌を通じての図書館の弘報・宣伝の形式をもってすることができる。なお必要のあるばあいには（チ）学校図書館の組織・指導・助言をすることもありうる。くりかえし言うまでもなく、これらの指導・助言は統制的でなく、おのおのの図書館の活動の内容や事業の実体にわたってはならないのである。これらの活動のうちには、府県の図書館協会と共同・提携して行うことが便宜であるものもあろう。

C　図書館基準の設定と援助

郷土的地域社会に群小図書館の発生することは、手間も暇もかからないことであろうが、それらの図書館奉仕の基準を維持し続けることは困難である。したがって図書館発生の刺激を与える以上に、これを持続させるための指導がより以上に必要であり、そのためには府県図書館の援助が要望される。公立図書館の最低基準については、「**図書館法施行規則**」の第二章に定められているが、それは「図書館法」第十九条による国からの補助をうけるばあいのものである〔平成十一年改正後は図書館法、図書館法施行規則共に公立図書館の最低基準に関する項目は削除〕。もし国からの補助を必要とせず、またこれを欲しないならば、それは基準とするに足らないものである。かつそれは年間の図書の増加冊数に重点が置かれているが、たいせつなことは図書館奉仕の質の改善にあるのであって、蔵書の量にあるのではない。すなわちどれだけ多くの図書が、どれだけ多くの人びとに利用されたかということである。

むろん一応この文部省令による基準に達するように務めなければならないけれども、府県はまたそれぞれの事情に応じて基準をつくり、これを努力目標として市町村の図書館が、その奉仕をじゅうぶんに、かつ均等に行いうるよう相互援助をしなければならない。そのためには日本図書館協会委員会の採択した「**望ましい基準**」が参考になると思うが、（イ）新しく市町村図書館が設置されるときには、篤志者《とくししゃ》の寄附を奨励して基本図書の充実につとめると同時に、（ロ）府県図書館の蔵書から千冊を下らない基本図書資料の長期貸出（五年を下ってはならない）をすることが望ましい。これは市町村図書館が（ハ）閲覧所（deposit station）を設けて、活動を開始したばあいも同様である。要は郷土的地域社会を図書館奉仕活動の単位とし、その中心とする考えに基づくものであって、間接ながら市町村図書館への財政的援助をも意味するものである。

なお府県の図書館基準においては、できる限り（a）人口一人当たりの図書館費の目標をつくり、たとえそれがアメリカ方式の一人一ドルのように、容易に達成できないものであっても問うところでない。また（b）図書の増加率と専門職員の増加率とをあわせて考慮すべきである。それは図書の増加は必然的に図書館奉仕の増加となり、図書館奉仕の増量はまた専門職員の増加を必要とするからである。

D　移動図書館・貸出文庫

府県図書館がブックモビルを走らせて移動図書館（traveling library）活動をすることは、近ごろ諸方に行われている現象である。これは相当に経費を要するばかりか、道路の不完全なわが国においては、消耗率も軽視することができないであろう。しかし市町村の全部にわたり図書館網が完成すれば、移動図書館の必要は減ずるものである。アメリカではマサチューセッツおよびカリフォルニアの両州が、すでに久しい以前に移動図書館の必要がなくなっているといわれ、むしろ主力をレファレンス・サーヴィスまたは読書相談に注ぎ、その結果に基づいて郷土的公共図書館を経由しないで、直接読者に州の図書館から一冊ないし数冊の図書を郵送するというのである。郵送料は図書館が負担することもあろうし、あるいは借受者が負担することを期待されるのであるが、図書館奉仕の立場から言うならば、余りこまかくソロバン玉をはじくようなミミッチィことは感心しない。

貸出文庫については項を改めて説くであろうが、数十冊ないし数百冊の一般的読みものを一群として、家庭・クラブ・工場・官署・村落学校などに送り届け、いろいろな読者の要求に応ずることを目的とするものである。

府県の貸出文庫に関連して、読者のとくに深甚《しんじん》な注意を請いたいことは、（A）狭義の**特殊図書館**に対する奉仕である。すなわち（イ）地方議会図書室、（ロ）病院図書館、（ハ）刑務所図書館に対するそれである。これらに関しては別に小著『特殊図書館』に述べておいたから、参照してもらえれば幸いである。また府県図書館に（ニ）**点字図書**を備え、盲学校ともタイアップして盲人に対する奉仕に力コブをいれることはもちろんとして、さらに点字図書出版の現状から推測して、府県図書館が率先して**点訳奉仕者**をつのり、その特志によって点字図書の増加に熱意を示すべきであろう。[8]

府県図書館の恒久的かつ重要な対外活動は、むしろ（B）郷土的地域社会にある図書館に対する**図書の補足奉仕**(supplementary book service)であると思う。府県の図書館が直接に読者に図書資料の奉仕をしているのは、彼らが身近に公共図書館をもち、その奉仕が得られるまでの一時的便法であって、彼らのあいだに読書の関心が強く喚起されるならば、郷土的地域社会に図書館の設置を急速に進捗《しんちょく》させることができる。図書の補足奉仕というのは、時どきにしか必要のない、しかも高価な図書であって、個々の読者にはしばしば火急に必要とするものを供給することである。これらの図書はおのおのの図書館が購入できないものであり、また購入してはならないものである。[9] 府県図書館は府県にあるすべての図書館のために、中央にある図書の給水所・貯水池たる役目も引きうけるべきである。そして郷土的地域社会の公共図書館の手に負えない、行き届かない部門の蔵書構成にじゅうぶん注意を払い、図書の補足奉仕に専念するならば、もっとも経済的な集書とすることができるばかりでなく、篤実な学者の要求にも応ずることができるであろう。例えば高価な技術書は、小図書館ではじゅうぶんに備えて

8　竹林熊彦編　特殊図書館　蘭書房　昭和三十年
9　竹林熊彦　図書の選択　蘭書房　昭和三十年　99～102頁

おくわけにはゆかないし、またこれをアップ・ツー・デイトにしておくこともできない。しかし小都市の小工場でも技術的知識を必要とすることは、大都会の大工場とかわりが無いはずである。ただそれらの図書に対する要求が、しばしばしきりに多く起こらないというまでである。時としてはたったひとりの読者が、ある種類の技術的インフォメーションを必要としているかも知れない。もしその要求を満足させることができるならば、他の要求も踵《きびす》をついで起こり、多くの人びとに役立つこととなるであろう。地方の高等学校の教師のうちには、地域社会の他の人びとの関心をもたない事がらの研究に没頭し、そのために特殊の資料を求めているものもあるであろう。府県図書館がそれに奉仕することは、量的には少ないことかも知れないけれども、質的には重要な意義をもつものである。

これらの図書の補足的奉仕は、郷土的地域社会の図書館を経由して貸出すほうが、無駄を省き重複を避けることができ、また効果的でもある。

E　大学図書館の協力

対外活動の中枢機関としての府県図書館が、府県の全区域にわたり全住民に対して奉仕するためには、相当量の蔵書をもたなければならないのはむろんであるが、ただ手もちの資源だけに依存することだけに限る必要はない。不足している図書は府県市立の大学図書館、大都市の市立図書館、または国立大学図書館の援助を得て、借りうけるようにしたらよいのである。そのために図書館資料の相互貸借についての申し合わせをつくるなり、府県内図書館で総合目録をこしらえておくことができるならば、必要な図書の所在を時を移さず探し出すことができるであろう。[10] それからのちに国立国会図書館の協力と援助とを要請すべきである。マイクロフィルム・フォトシュタットを利用すれば、郵送することのできないような貴重図書でも、その必要なページを僅かな費用で複写することも困難でない。

大学図書館は特別な研究に必要な図書資料を市民の利用に供し、あるいは書誌的援助をする機能をもつものである。大学図書館はこのような教育的援助に対する合理的・合法的要求に無関心であり得ないのであって、満足のゆくまでにその豊富な資料を利用させたらよいのである。しかし大学図書館の一般奉仕には限界がある。インフォメーション・サーヴィスを専門とする大学図書館の対外活動は、府県の図書館あるいはその他の公共図書館の奉仕に代わりうるものではない。ミシガン大学図書館長ビショップ（W. W. Bishop）はつぎのように述べている――

> わが図書館は本質的には主としてアナルボウにある大学のメンバーのために存在するものである。それはミシガン州に図書を供給する目的と意思とをもって創立され、運営されているという意味での州立図書館ではない。大学図書館は大学のために、大学のうちに存在している。それは大学における教授と研究の必要に応ずることを目的として集書されたものであって、その限界はきわめて明確である。その主要な使命

10
図書館の相互貸借については、竹林熊彦　図書の書択　51、99、119頁
図書館法第三条四号　他の図書館、国立国会図書館、地方公共団体の議会に附置する図書室及び学校に附属する図書館又は図書室と緊密に連絡し、協力し、図書館資料の相互貸借を行うこと。図書館法第三条八号［平成二十年改正後は三条九号］学校、博物館、公民館、研究所と緊密に連絡し、協力すること。図書館法第八条　都道府県の教育委員会は、当該都道府県内の図書館奉仕を促進するために、市［昭和三十一年改正後は「市（特別区を含む。以下同じ。）」］町村の教育委員会に対し、総合目録の作製、貸出文庫の巡回、図書館資料の相互貸借等に関し協力を求めることができる。

は教授と研究の両方に直接奉仕することである。大学図書館の第一義的目的に重大な支障を与えず、もしくは阻害することなしに行われるその他の奉仕活動は、その限りにおいて満足すべきよいことである。しかし大学図書館をミシガン州のあちらこちらに散在させるようなもくろみは、大学図書館長にとって一瞬たりとも容れることのできない事がらである、われわれは図書の相互貸借を行っている——そしてわれわれはきわめて自由に図書を貸出し、なお引きつづき他の図書館に図書の貸出をするであろう。あらゆる努力を払って州内の他の図書館、ならびに州の住民たる学者と協力することが行われており、近接諸州およびオンタリオ州にも及んでいる。しかし大学図書館は大学図書館として、州の住民たちのために、その興味をもつ図書の貸出図書館となることはできない。そういうことをするならば必然的に、大学図書館として存在することをやめることになるであろう。[11]

今から五十年まえの一九〇六年、ニューハンプシャー・カレッジの図書館は、ダーラム公共図書館およびダーラム図書館協会と共同して、統一ある経営をすることとなった。すなわち図書館の建物は大学のキャンパスに建築することとし、その経営は大学が引きうけることを決定し、ダーラム市はその公共図書館建設費として遺贈された一万ドルの資金を寄附し、カーネギー財団もまた二万ドルをこれに加え、大学は不足の建築費とすべての施設費を負担することにした。そしてこの共同経営の条件として大学図書館は、大学の教技・学生が利用するばあいと同じ条件で、ダーラム市の住民にもひとしく図書館を利用させることを承認し、市は年額二十五ドルを下らない経常費を寄附し（一九二五年には百ドルになっている）、またダーラム図書館協会は毎年特別基金のうちから、少なくとも二百ドルの図書を寄贈することとした。

11 Bishop, W. W. : Some Responsibilities of University Library Extension Service. Library Journal, 1923.

この契約のできたときのニューハンプシャー大学は、二百人の学生があったに過ぎなかったが、一九二五年にはユニヴァーシティとして学生数千三百人、図書館の経費は光熱費と作業員の給料を除いて一万六千ドルに達し、相当数の市民が常時の図書借受者として登録しており、そのため図書館は通俗の読みものを購入して備え付け、また小規模ながら児童室を経営し、公立学校に学級文庫を派出しているということである。[12]

わが国の大学図書館が、いわゆる「駅弁大学」のそれをふくめて、象牙の塔を形づくる一部として、孤高のほこりを維持すべきか。それとも対外活動に参加して地方文化の開発に寄与し、地方人心に薫化《くんか》を与えることに努力したらよいか。それは大学図書館の新しい課題ということができよう。道元禅師のことばに「利行《りぎょう》は一法なり、普《あまね》く自他を利するなり」とある。これはギブ・アンド・テイクの精神にほかならない。われわれは父祖の滋味あふるる信条を想い起こして、われわれの活路を開いてゆくべきであろう。

V　分館論

A　種類と定義

図書館が対外活動を通じて地域社会に、図書館奉仕をじゅうぶんに徹底させようとするならば、一つのサー

12　A. L. A.: A Survey of Libraries in the United States, 1926. Vol. 2, p. 165-66.

ヴィス・センターだけで満足できるものとは限らない。いわんや土地が広く人口の多い地区的地域社会においては、何らかの形式の補助機関をもつことが望ましいばかりでなく、必然的ということができるであろう。そしてまた、それが効果的であることは一八七六年に、ボストン公共図書館がはじめて分館を開設したところ、その貸出図書の冊数は分館設置以前にくらべて、中央館では二倍ないし三倍に増加し、これに分館を合わせると四倍ないし五倍に達したことでも断定できる。そしてその同じ年の明治九年に、わが国でも東京書籍館法律書庫が東京開成学校境内に設けられたことは、さきにすでに述べておいたところである。これからのちアメリカでは分館の数は著しく加わり、いろいろな形式をもつようになった。しかしこれらのふつう分館制度とよばれるものを、都市における図書館組織として存在するものに限ろうとするのは、行動半径のせまい小市民的なわが図書館人の考え方であって、浅はかな量見《りようけん》といわなければならない。わが「図書館法」においても、そのような制限をしているのではない。

(1) 分館 Branch　というのは補助的な図書館施設であるけれども、図書館体系に欠くことのできない施設の一部をなすものであって、それ自身が完全にまとまっているものである。すなわち恒久的の蔵書をもち、別個の独立した建物もしくは専用の室を一つあるいは数個そなえ、独自の奉仕圏を有し、有給の専門職員によって管理・運営されているものをいうのである。もともとbranchとは「分岐する」という意味があり、中央の図書館(Main library)の分身ともいうべきものであるから、銀行・会社の本店と支店との関係にあるものと見ることができる。したがって最低限度において閲覧室をもち、貸出事務ならびに参考事務を行ない、その開館時間も中央の図書館と同様でなければならない。図書の選択そのほかの整理についても、その特色が維持できるような配慮が要請される。

むろん分館としての性質なり、規模によって多少の相違なり変化が見られるのであるけれども、成人部と児童部とを区別し、時として書架その他の簡単な仕切りで参考室・新聞雑誌室・事務室の区別をすることが望ましい。アメリカの分館では講演室または集会室を設けるのが通例となっているようであるが、できればわが国でも相当な規模の分館をつくり、比較的多数の読者を対象として、図書館奉仕を伸展させるように企画すべきであろう。ことばの上から言えば「支館」と称するのが正しいと思われるが、著者はあえてそれを固執して主張するのではない。

(2) 準分館 Sub-branch　大体において分館であることにちがいはないのであるが、その開館の時間が中央の本館あるいは正規の分館とちがい、一致しないものと定義されている。わが国ではこの区別をせず、すべて分館ということになっているが、アメリカの小学校に附設されている準分館は、放課後から夜間にかけて開館されているものが多く、銀行・会社・商店の一室にある準分館は、参考事務を奉仕するために、午前からの開館が必要とされるであろうが、オフィスの閉鎖とともに図書館も閉館しなければならないであろう。大体においてウィーク・デイに継続して7時間より少なくないこととなっているようである。

(3) 閲覧所 Deposit station　これまで停本所と訳されていたもの。わが国では館内閲覧をさせなければ、図書館でないという観念が抜けきれないためか、「図書館法」が公布されてから閲覧所ということばが用いられている。ここには最低二百冊から数百冊ぐらいの図書を、官署・学校・工場・クラブなどに中央図書館から廻して一時保管させ、**貸出運用**させるものである。これらの集書はしばしば交換されるが、その場所はいく分なりとも恒久性をもたせることが望ましく、場所がたびたび変更されることは、利用の上から感心できない。もともと直接に本館なり分館に行くことの困難な人びとのために設置されるものであるから、本館または分館と同じ利便と特権とが与えられなければならないのであって、図書閲覧の設備だけに限られるものではない。ここには中央館または附近の分館から派遣される専門職員によって管理され、あるいは出先の協力友好団体の費用によって賄《まかな》われる学校教師・工場の書記・クラブ役員ないし篤志家がいて、専門的に奉仕されるものもある。

（4）**配本所** Delivery station　固有の図書をもたず、ただ中央の本館に読者の要求をとりついで貸出し、また図書が返済されたときに、これを取りまとめて本館に送りかえす手続きをするところで、一種の仲介機関である。アメリカでは多くの商店・ドラッグストアなどに見受けられ、無給または僅かの手当でそれらの事務が委託されている。わが法の「解釈」では停本所の性格をもたせているようであるが、現在ではまだまだこれを明確にするだけの資料がない。

このように図書館の奉仕拠点（Service point）は、それぞれちがった特長をもつように定義づけられているけれども、実際にはそれらの特色が重複していることも少なくない。例えば準分館は本館ならびに他の分館から図書資料を廻付してもらうという点から言えば、停本所ということができるであろう。また閲覧所といっても恒久的な参考図書を備え、活発に図書の自宅貸出をするならば、これを分館とみることができる。わが国の図書館報告をみても、分館と称しているもののうちには、せいぜい停本所程度のものもあり、貸出文庫の配布機関を分館といっているものもあるように思われる。アメリカでも一日に四時間ぐらいしか開いていない分館があり、一週間に数日、午後だけとか夜間だけしか開いていないで、ブランチと呼んでいるところもあるということである。分館という名前だけがありがたいのではない。

B　分館の数と位置

対外活動の補助機関——ひっくるめて分館という——の種類と数とは、それぞれ地方の状況に応じて決定せらるべきものである。すなわち土地の面積・地勢、住民の数とその分布状態・密度・性質など、地域社会の実体を背景として企画されなければならない。また中央本館の位置と大きさ、公開される時間と奉仕の分量など、いろいろのファクターを考えて（イ）どの種類の分館を（ロ）どれだけ（ハ）どこに必要とするかを決定しなければならない。そしてそれに伴う（ニ）経費を考え（ホ）職員をととのえなければならない。だから、ある地域社会に適当とみなされる分館の数が、同時に、たとえ同じ人口の地域社会であっても、直ちに適当であるというわけにはいかない。大体論から言えば大都市（人口五十万以上）には、いわゆる分館を多くもち、準分館および閲覧所は従とするが、小都市（人口五万以下）においては、一～二の分館・準分館で足りるであろうが、閲覧所・配本所を多くする必要があるかも知れない。

分館の位置は図書館を利用する読者が、その家庭からもっとも近い便利なところにあることを要件とする。アメリカでは自動車が日本の下駄と同じことであるから、少しぐらい距離が遠くても苦にはなるまいが、さきに掲げた調査の結果をみてもわかるように、読者にもっとも近い距離が$\frac{1}{4}$マイル以内で、一番遠いところが五マイルとなっていて、平均半マイルないし二マイルといわれている。しかし平均距離といったところで、地域の限界が問題であろうし、郊外居住者についても考えなければならないから、明確にこれを推定することは困難である。

本館と分館との距離、分館と分館との距離もまた考えなければならない問題である。郵便局・公設市場・水道局などの公共の奉仕機関にちかい位置を占めることは便利であろう。電車・バスなどの交通機関を考えにいれて、恰好《かっこう》な場所を選定しなければなるまい。しかし最初から恒久不変の位置を選定しなくともよいのである。一種の実験的試みをしてもよい。同じ商店でも繁昌するものとそうでないものとがある。閲覧所もしくは配本所でじゅうぶん奉仕ができると予想したところ、案外それが住民の歓迎するところとなって、これを分館に昇格（？）させなければならないことも起こるであろう。

C　分館の管理と利用

(1) 分館の管理

分館をどのように管理したらよいかということは、分館と本館との関係をどのようにしたらよいかということに落ちつくであろう。有力な図書館がまず最初にできて、図書館奉仕を進展させるために、対外活動の機関として分館ができるというのが普通であるが、さきに述べたようにニューヨーク市では、最初に無料貸出図書館が発達し、のちにニューヨーク公共図書館の建物ができたのである。戦前の大阪市立図書館は、はじめ大阪府立図書館の分館をつくる計画であったものを、市立の小図書館を数個つくり、のちに市立の中央館を建設することになった。そのため百万円の予算も市会を通過したのであるが、戦争のために中止のやむなきにいたり、のちに戦災のためすべて焼失してしまったのである。こうして本館と分館との関係は、むろん緊密な連絡・提携を必要とするけれども、どのような方式をとったならば、もっともよい管理と奉仕とが行われるかを観察しなければならない。

分館にはそれぞれ分館長あるいは主任として専門職員が置かれ、また補助の職員も配置されるのであるが、これらの人事はすべて中央の本館長の推薦によることを原則とするか、あるいは分館は独立した図書館のように、分館長は所属館員の異動についても、じゅうぶんに本館長とも話し合い、任命権者に意見を具申《ぐしん》し、関与し得られるようにするかどうかは大きな問題である。そのことはやがて会計経理の面にも、物品管理の面にも影響することとなるであろう。また分館はそれ自身の図書目録をもつ以外には、図書の選択も図書の受け入れも読者の登録も、すべて本館で所管し実践する統一方式をとるのがよいか。それとも多少の独立性を認めたらよいか。にわかに判断に苦しむばあいが起こるであろう。例えば町村の合併によって、これまで独立していた図書館が市の分館となるばあいには、多少はふつう以上に自由を認めなければならない事情も存在するであろう。

図書館職員の採用・養成・訓練、図書の購入、図書の記号、目録の編成、貸出の方法、一般公衆に対する規則などはこれを統一するとしても、図書の選択についてはじゅうぶんに土地の情況を勘案《かんあん》して、これを反映させるようにしなければならない。一般に分館は設立の当初においては、軽い通俗的な読みものや、権威のあるスタンダード・ワークなど、主として基本図書や教養・娯楽ならびに日常の生活に必要な知識に関するものを標準としたらよい。したがって本館のように郷土資料・専門の研究図書・技術図書・高価な美術図書を欠いても、多くのばあいに非難は起こらないであろう。また必要があれば、本館から取り寄せたらよいのである。分館にはそれぞれ特色をもたせ、ちがった図書を備え付けるというようにするのも、一つの方法であろう。ただ児童室を経営するばあいに、本館とあまり差があることは好ましくない。

（2）分館の利用　読者はもっとも身近の本館なり分館なりを利用するのが自然であるから、そのように奨励すべきはもちろんであるけれども、（a）一つの分館だけにその利用を制限することは、図書館奉仕の精神から感心できない。むしろ（b）何らの制限をしない方針が望ましいのであるが、図書館訓練の乏しいわが国の読者が（c）この特権を濫用《らんよう》して、必要以上に多くの図書を借出し、他の読者の迷惑を顧みないことが予想される。このような弊害を少なくするためには（d）分館相互の貸借（inter-branch loan）を敏速にかつ最大限に行い、その融通性を活発に発揮するようにつとむべきである。毎日一定時には一回ないし数回、それぞれ本館と分館・分館と分館との相互に連絡をとるようにしなければならない。そのために分館ごとに（e）閲覧用のカード目録のほかに（f）事務用の総合目録を備え、その図書館体系における資料の所在を、直ちに明瞭にできるようにして置かなければならない。

D　分館活動を語る

高松市立図書館は昭和二十四年六月一日、高松文化会館の階上に呱々《ここ》の声をあげたが、狭い場所に多数の利用者が殺到して、うれしい悲鳴をあげた。その結果独立の館舎を新築して図書の充実、施設の拡大が希望されるようになり、二十五年十月これまでの図書館型式を破った新鮮で親しみのある建物が、市の中枢部に堂々たる偉容をもってデビューすることになった。これよりさき高松市の周辺部の市民たちのうちには、市立図書館の発足と同時に、これらの地域にも分館の設置を望む声が高まってきた。これらの地域は昭和十五年高松市に編入された屋島《やしま》・古高松《ふるたかまつ》・大木［木太《きた》?］・太田《おおた》・鶴尾《つるお》であるが、それらの要望に応えて、二十年二月から市役所の支所あるいは小学校内に分館が設けられ、のち教育委員会の出発とともに閲覧所と改称して現在に及んでいる。おのおのの千五百ないし二千の図書を備えて個人貸出を行い、専任の職員を置いて図書館奉仕につとめている。

「太平洋の楽園」とよばれ「民族の融合地」(melting pot of nations)と称せられているハワイは、すでに三十年前にその普遍的図書館奉仕をもってアメリカの各州はもとより、準州と保護領とを通じて、模範となるほどに顕著な業績をあげた。ハワイ図書館の対外活動は一九一三年(大正二年)にはじまり、当時のホノルル市およびオアフ郡の図書館を統合し、カピオラニ公園にカーネギーの寄附でできた建物に移った。そしてハワイ図書館がスポンサーとなって、一九二一年(大正十年)以降三つの他の郡区図書館ができ、ハワイ図書館は総合目録を備えて各方面からの図書の要求に応じ、クリアリング・ハウスの役目を果たしている。

郡区図書館は二百四十六のステーションを通じて図書を配給し、そのうちには太平洋の孤島で、わずか十五人の海底電信局の監守者の住むところにも、四季ごとにケーブル船に託して、その寄港するたびに図書を送って集書を更新させている。すべての学校・どんな小さな部落にも図書の奉仕が行われ、ステーションから職員が出張して個人的接触を怠らず、教育局ともたえず密接な連絡が保たれている。ハワイは多くのちがった人種と民族とが居住し、そのうえ、また文字を解するものが少ないと言われているにかかわらず、当時一年間の貸出図書の数は六十五万五千百九十六冊で、一人当たり二冊をはるかに超えていた。大学・師範学校・博物館からも、それぞれの図書資料を利用する便宜をうけていたことはもちろんである。

ハワイは著者にとって、なつかしい思い出の土地なのである。

6　対外活動の素描

I　対外活動の企画

図書館は単なる営造物ではなく、その設立目的を達成するために図書館資料を備え、積極的に地域社会に奉仕する有機的活動体であって、そのために必要な専門職員が常置されているのである。したがって図書館がその政策とサーヴィスとを改善するために対外活動をすることは、歴史的必然といわなければならない。もし図書館が自己改善をすることをせず、また一般公衆に図書館の実体を知らせることを忘れるならば、図書館の外形がいかに美しくあろうとも、それは死臭ふんぶんたる墓場であり、やがて自滅するより外はないであろう。しかしながら、さきに例示した対外活動の種類は、必ずしも図書館だけのお家芸であるのではない。郷土的地域社会の図書館の企画すべき対外活動のうちには、市町村の設立する公民館の事業内容と重複するものが少なくない。ここに両者の緊密な連絡と、自他の敬愛と協力とが必要となるのである。

図書館が対外活動の企画をするときに、まず（1）どんな**種題**のものを選んだらよいか、その焦点を決定しなければならない。あれもこれもと欲張ったところで、結局、虻蜂《あぶはち》とらずに終わったのでは何《な》んにもならない。図書館の希望だけで企画したところで、相手がついてこなければくたびれもうけとなるのであって、相手の立場になって考える必要がある。企画の基礎となるものは、地域社会についての調査の結果である。一般公衆は何を図書館に要求しているか、輿論は何を示向しているか。これを観察し分析し研究した結果にもとづいて、さらに継続できるかどうかを検討し、長期の基本計画を立て一貫した方針で、しかも常に新鮮さを失わないように企画しなければならない。ところで、その企画に当たって最初に考えておきたいことは、とかく高遠《こうえん》の理想にあこがれるよりも、身近にあるもので、しかも比較的容易に実行できて効果が目立つものがあれば、何を措いてもまずそれを取り上げるべきであろう。それは全般に図書館奉仕の価値がじゅうぶんに認められていない今日の段階では、図書館の対外活動をすこやかに育ててゆく上に、きわめて必要な考慮というべきであろう。

焦点となる問題がきまったら、つぎに（2）その**対象**を考えなければならない。どういう人びとを相手に企画したらよいかを、きめなければならない。例えば**読書会**を開くとして、どのようなグループに焦点を置いたらよいか。（イ）青年層か成人か、（ロ）男女べつべつにするか共同とするか、（ハ）教養の程度はどこに基準を置いたらよいか、（ニ）人数はおよそどれぐらいが適当かなどを考えなければならない。人間はひとりびとりがちがった要求と利害関係とをもっている。共通の広場を見出すことはむずかしいことであるが、また一致点を発見することもできないことでもない。同一職場の人びとを読書会の構成メンバーとすることもありうるであろう。それらの共通点を捉えて、対外活動の主題や方法を適切に考えなければならない。

主題と対象について（3）その**方法**を企画しなければならない。前にあげた読書会は、どんな方法で運営したらよいか。まず読書会の性格は（イ）専門的なものか、（ロ）趣味的なものか、（ハ）教養的なものにするかによって、（ニ）資料の選択——題材となるテキストをどうするか、（ホ）討論方式とするか研究方式とするかによって、（ヘ）講師・指導者が問題となり、司会者の立場もちがってくるであろう。（ト）集会の前後にレクリエーションを行うかどうか、（チ）図書館資料の展示・紹介はどうするか、（リ）会の記録はどのようにして作り保存するか。要するにどのようにすればもっとも効果的で、所期の目的を達成することができるかについての構想をまとめあげなければならない。

このようにして準備ができたら、つぎは、（４）**時期**の問題がある。いつ・どこで・どういう順序で実施するかである。読書会についても、盛夏の時期や厳冬の季節は、多くのばあいに避くべきであり、農繁期も場所によって無理なことであろう。と言って間が延びて熱意が失われるということは禁物であり、余りにしばしば開くと出席者が欠けるということも起こる。また時期については、ただ始める時だけが問題であるのでなく、区切りをつける時のことも予想して置かなければならない。ダラダラと引きのばしたのでは、会員の注意が散漫となって集中力を欠き、途中に疲労や倦怠を感じて、せっかくの企画が竜頭蛇尾に終わることとなろう。毎週一回・正味一時間として夜間、図書館の児童室を会場とするといったところが、読書会としては常識となるのではなかろうか。

対外活動のうちでも集会活動は、図書館の建物を利用するばあいが多いから、光熱費・清掃費を除いては、余り金をかけないで実行することができる。しかし金がかからぬといったところで、おのずから一定の限度がある。例えば読書会などは、もっとも費用のかからないものであろうが、それでも外部から講師なり指導者なりを招くとすれば、謝金は出さないにしても、交通費ぐらいは実費支弁をしなければならないであろう。展示会への出品を求めたとすれば、少なくとも運搬費を負担することは当然というべきである。いわんや弘報・宣伝をするとなれば、（５）**経費**を要することもちろんである。図書館奉仕のための対外活動が具体的効果をあげようとするならば、経費の出し吝《おし》み、出し渋《しぶ》りをしてはならないのである。それだけに対外活動の企画を担当するものは、どうしたならば経費を合理的に、かつ効果的に使うことができるか――最少の費用で、最大多数の人びとに、最もよい奉仕をすることができるかをつねに念頭において、その研究をなおざりにしてはならないのである。

Ⅱ　対外活動の方法と資料

　われわれは、さきに対外活動の種類について考え、（1）図書館の建物を中心とする求心的対外活動と、（2）奉仕拠点をふやして動く図書館をつくる遠心的対外活動と、（3）マス・コミュニケーションによる弘報手段を通しての対外活動とをあげて置いた。これらの対外活動は主として（イ）図書館が行うのにちがいないけれども、（ロ）また他と共同し、あるいは（ハ）他の機関を利用するばあいがあることも述べておいた。対外活動はまた同時に、その利用する資料によっても区別することができる。すなわち図書館が対外活動を実施するばあいに、その対象となる一般公衆に向かって、どんな資料を、どのように利用し、どのような方法で訴えたならば、具体的効果をあげることができるかということである。その一つは（A）視覚資料によるもの、あるいは視覚に訴えるものであって、（い）図書の展示・展覧、（ろ）映画会その他、（は）ポスター・掲示、（に）図書館報ならびに新聞・雑誌への寄稿記事がある。つぎは（B）聴覚資料によるもの、あるいは聴覚に訴えるもので（い）講演会、（ろ）討論会、（は）ラジオ放送、（に）ブックモビルによる街頭放送、（ほ）朗読会、（へ）レコードコンサートをあげることができる。（と）幻灯・紙芝居は、視覚と聴覚とにともに訴えるものである。そしてこれらの資料なり方法なりは、（C）図書館の弘報活動においては、伝えたいと思う事がらをなかだちする媒体となるのである。

　もう一つ対外活動でだいじなことは、適当な時期（timeliness）をつかむということである。どんなにりっぱな金をかけた企画であっても、一般公衆にアピールしなければ無駄骨に終わるものである。図書の展示をするにしても、ポスターを作るにしても、それが顧みられず、感謝されるのでなければ、徒労と浪費とがあとに残るだけである。時の流れと人のこころの動きを敏感にとらえて、さきにあげた「こよみ」を調べ、豊かな経験を活かし、潮時をみ定めて大ホームランをカッとばすことである。すなわち――

1　読者社会の空気が沈滞して、何ものかを待望しているとき

2　図書館職員に惰気《だき》が感ぜられて、新生面を必要とするとき

3　世間の好奇心が何ごとかに集注しているとき

4　異常な刺激で社会を動かせることが予想されたとき

などは、まさに絶好のチャンスと言うべきであろう。

対外活動のテーマについては、すでにこれまでしばしば繰り返されたことであり、これに関心をもつわが読者の知識の深くかつ広いことを信じて疑わない。また対外活動のいちいちについて述べることは、著者の能力の及ぶところでもない。したがってここにはそのいくつかについて、例示的に説明するにとどめておきたい。

A　展示会・展覧会

視覚を通じての対外活動の一つとして、まず第一に展示会・展覧会についてふれることにしたい。展覧会は図書館だけの独占ではなく、官公庁・新聞社・文化諸団体・企業会社などでもしばしば計画し、またしばしば開催しているから、事あらためて説明する必要がないかも知れない。展覧会は図書館の建物以外で開くとすれば、経費も相当かかるから無理であろう。他の主催する展覧会に参加するとか、他と共同して行うばあいは別として、図書館を利用すれば資料は手許にあるし、労力も少なくてすむと考えられる。

どんな図書館資料でも、これを展覧会に展示することができるものである。ただしかし、図書館で開くばあいには、（イ）その図書館の資源をとくに目立つような配慮がなされなければならない。外からの借りものを交ぜ

たり、あるいはこれが優位を占めて幅をきかせていることは感心できない。その館中心であるべきであり、その館本位であることが望ましい。その上さらに（ロ）教育的目的なり、そのほか有意義な目的をふくませたらよい、そして（ハ）一般公衆を図書館にひきつけ、図書と図書館についての関心をつくり出し、またはこれを深め高めることである。展覧会の本質的な特色は、それが図書館の特別（対外）活動であるということであり、時間的に制限があるばかりでなく、またある一つの題目に集注されているのであるから、その会場の雰囲気には一つの強調的な訴求点が見出され、それが強く印象づけられるものでなければならない。図書館の蔵書であって、ふつうのばあいには誰もが特別の注意を払わないものであっても、これを別室に置いて配列の方法にくふうをこらすと、外部の人びとの注意を促《うなが》すことがある。このような効果は心理的とも考えられるけれども、また頭のよいならべ方が資料の価値を高めるということもできるであろう。特別の資料を加えなくとも、多少の装飾的要素を加味し、壁のまわりに列べておくとか、衝立《ついたて》をあしらうとかしただけでも、ふつうの書架に配列しておくよりも視覚に訴えて魅力をもつものである。

展覧会は眼に訴えることが主たる目的であるから、（1）**美術書**はもっとも適当であるということができる。とくに著名の画家――歌麿《うたまろ》・北斎《ほくさい》・横山大観《よこやまたいかん》・安井曾太郎《やすいそうたろう》・ゴッホ・マチスなどの作品集、彫刻・建築・陶器・壁画などの画集は、一般の読者にあまりよく知られていないために、よく利用される機会に乏しいものである。美術書の展示と関連して、展覧会には一枚もののほうが書冊に装幀したものよりも効果的で、特殊性を発揮することができる。したがって図書館で美術書を購入するときには、小規模の図書館を除いて、帙《ちつ》入りの版画を手に入れることが、展覧会用をも兼ねる利益があるという観方からも、賢い選択法であるといえるであろう。

（2）**書誌的展覧会**――古写本・古版本は図書・印刷の歴史をうかがうことができる。著名な学者の手沢本《しゅたくぼん》・蔵書（天理図書館に古義堂《こぎどう》文庫あり）の一部、装幀の美しいもの珍らしいもの（例えば書物展望社の出版物）、いわゆる豪華版・私家版、郷土の出版物なども興味をそそるものがある。好事家は別として、一般公衆は歴史的書誌にあまり関心をもたない。むしろ例えば現代の特定の著者――夏目漱石あたりの初版本を集め、これに評伝を加えるのがよかろう。(3) **郷土資料・地方資料**――図書・地図・写真・ポスター・印刷物など。(4) ある国またはある時代の**歴史書**、挿画の多くあるもの。(5) **忌辰・誕生日**を機会に著名人の伝記資料――著書・写真・自署・蔵書印・関係のある地方の写真など。(6) **戸外生活**に関係のある図書――登山・キャンプ・狩猟・釣りなど (7) **スポーツ・娯楽**――とくにその一種に絞ってもよい――碁・将棋など。

湯浅吉郎は京都府立図書館長であったときに各種の展覧会を開き、この方面の開拓者となったのであるが、そのいくつかを拾うと、(a) 明治三十八年一月二十二日――日露戦争のさなか――新築の府庁楼上に時局に関係ある**外国交通図書展覧会**を開催し、知事大森鐘一《おおもりしょういち》らの斡旋により東西両大学をはじめ、個人を加えて七百点の図書と五十点あまりの器物が集められた。(b) 明治四十二年四月一日新館の落成開館式に**美術工芸**に関する図書展覧会を開き、諸家珍蔵の図書数百点、模本絵巻物・画譜・絵画下絵・版画・錦絵のほか、京都に関係のある岸《きし》竹堂《ちくどう》・浅井《あさい》忠《ちゅう》・幸野《こうの》楳嶺《ばいれい》・鹿子木《かのこぎ》孟郎《たけしろう》らの下絵、西洋名画の模写などを陳列した。(c) 明治四十二年六月十二日**新聞雑誌研究会**を開き、京都を中心に東京・横浜・大阪・神戸その他各地で発行された新聞雑誌の初刊第一号に、慶応年間の新聞から、文政ごろの引き札類六百点あまりを中心として、新聞記者・同好者との懇談茶話会を催した。(d) 明治四十三年三月二十九~三十日ドクトル富士《ふじ》川游《かわゆう》の主催で**蘭方医書展覧会**を開き、南蛮流外科・紅毛流外科・漢蘭折衷派の医書、解剖・生理・薬物・眼科・女科・児科に関する図書はもちろん、史伝・地理・交通・法律図書、肖像・遺墨・書翰・器械・標本など二千点に達した。(e) 明治四十五年四月一日から三日間、京都に関する地理・歴史の**郷土誌展覧会**を催し、慶長以降の地図類二十点、京雀《きょうすずめ》・京童《きょうわらべ》・山城会所記などの図書、島原遊廓・祇園会・加茂・稲荷の大祭にちなむ図書・絵画などを陳列して観覧者を喜ばせた。(f) 明治四十五年七月三日関西洋学者の泰斗稲村三伯《いなむらさんぱく》こと海上随鷗《うながみずいおう》の追福《ついふく》のため、大槻如電《おおつきじょでん》・新村出《しんむらいずる》の催しで**日欧対訳辞書展覧会**を開き、オランダをはじめ英・仏・葡と日本語対訳字書を陳列した。数は多くなかったけれども、いずれもこの種の最初の出版物であるだけに、多数の観覧者があったということである。

B　講演会・講座

図書館の主催する講演会（lectures）は少なくとも四つの目的がある。（1）それは講演そのものに読者の魅力を感じさせるものであること、（2）それは現実の読者に新しい主題について興味を喚起させ、それらの主題の文献に親しむにはどうすればよいか、その方法を示して彼らの読書を助けること、（3）それは図書および図書館以外の事がらについても、はっきりした教育的価値をもつこと、（4）それは講演会に固有するレクリエーション的価値があるということである。

これらの目標を見失わないで講演会の種類とテーマとを選ぶならば、これらの目的の二つあるいはそれ以上を達成することができるであろう。講演会は純粋の弘報活動という立場から考えれば、他の方法とくらべて劣っているであろう。しかし多少の時間と費用とをかけることができれば、講演会を愉しいものとし、また弘報の具とすることができないでもない。いずれにせよ講演会はほかの価値は別として、経済的で効果的な対外活動であるかどうかは疑問の余地がある。しかし講演会は自他の善意をかもし出し、お互いに話しあいをする原因をつくり、また他の対外活動を説明する機会ともなるのであって、約言《やくげん》すれば講演会は講演会として、他の対外活動のもち得ない独特のもち味をもっているという点で、また効果的であるということができる。

始めから終わりまで娯《たの》しい愉快な講演会に組み立てようとしても、それは困難であり無理である。また図書館の講演としてふさわしくない。図書館は寄席ではない。聴衆の見解を広くし、新しい事実・思想・技術に接触させることが、講演会の主たる目標なのである。もし組織だった読書ということを考えるならば、講演会よりも講座のほうが、はるかに教育的価値をもち、ある事がらについて徹底的に研究ができるのであるが、限られた公衆しか満足させ得ないという意味から、対外活動としての価値は講演会よりも減ずるものと覚悟しなければならない。

講演会を企画するときには、図書館の読者であると非読者であるとを問わず、できるだけ多数の聴衆を集めることに努力し、有益な問題について彼らの関心をよび起こし、それについて広く読みたいと念願するように、刺激を与えることを方針としなければならない。したがってできるだけ多くのちがった階層の人びとに呼びかけようとすれば、また非常に広い範囲にわたる題目をとり上げるようにしなければならない。それならばどんな種類の題目がもっとも人気があるかというと、これまたにわかに断定しがたいところである。講演会は講師の評判・人気・話術・演題・題材のとり扱い方などが、聴衆の多少を左右する動因となるものである。しかし大体から言って、これまでに歓迎をうけた題目をとり上げることをしても、失敗したものは敬遠することが賢いやり方であることは言うまでもない。

イギリスの国民は講演を喜ぶ人びとである。イギリスの図書館で講演会のプログラムを調査し分析したら、つぎのような結果を得たということである。

1　歴史・旅行・地誌・伝記など　ヨーロッパ・イギリス・アジア・郷土史関係・アフリカ・アメリカの順序で　28％
2　文学　イギリスの古典・近代作家、外国文学のうちには古代古典をふくめて　19％
3　芸術　音楽に関する題目がもっとも多く喜ばれ、美術・スポーツの順序で　18％

4　科学　自然研究・動植物の生態・天文学・理化学など　14%
5　有用技術　無電・航空関係・工学・医学・航海などの順序で　10%
6　社会科学　社会問題・教育問題・平和問題などをあわせて　5%

のこりの6%は宗教問題・心理学・ジャーナリズムなどのほか、精密に分類できないものがふくまれているのである。これらを参考にして、われわれ自身の経験に徴し、識者の意見も聴き、人びとが多く関心をもつ題目――重要な意義をもつもの、新鮮味のあふれるものなどを選び、図書館の勢力範囲を拡げることを試むべきであろう。

講演会で一ばんむずかしい問題は、適当な講師をうることであろう。図書館が専門の講師にじゅうぶん謝礼をすることができるならば、そのプログラムを満足のいくように編成することができるであろう。しかし多くのばあいに、それが困難であるため、その土地に講師その人を求めるか、近接した都市の援助を請うか、各種の団体に適任者を探さなければならない。その土地の知識社会に有力な地位を占め、適当な主題について特別な知的活動をしているものがあれば、図書館長は親しく訪問するなり手紙で連絡して援助を求めたらよい。それらの人びとの多くは、現実に講演の経験をもつものであるが、また新人を抜擢して講演の経験を積ませることも、よい試みである。宗教家・学校教師・社会事業家のあいだに、よい講師を物色することも忘れてはならない。

話しの廻りくどい講演、声がすみずみまでとどかぬ講演、原稿を朗読する講演は避けなければならない。宗教問題・政治問題で一党一派に傾くものは、図書館の中立性から敬遠すべきであろう。利益を目的とする講演、ためにするところのある講演、奇矯《ききょう》をてらうような講演、反抗的な反対論を試みるような講演は感心できない。図書館長は厳正なアンパイヤーでなければならない。標準はあくまで高いところに置かなければならないが、睡気《ねむけ》を催すような講演や、知識・学問を鼻の先にブラさげるようなキザな講演もお断りである。講演会はできるだけ話ばかりでなく、ディスカッションを後に加えるとか、図表を使ったり幻灯・映画を添えるとかすると効果を収めることができる。図書館の職員も進んで講師の役を買ってでるべきであるが、聴き手の心理をつかむコツを心得て、内容の固くるしいものでもくだいて軟《やわ》らかくし、無味な題目でも味のあるものに料理し、相手によく消化させるようにすることが絶対に必要である。

展覧会のばあいでも同様であるが、講演会場の選び方つくり方もおろそかにできない。椅子は軽くて一人掛けのものが望ましい。もち運びが自由で、あとの清掃にも便利である。鋼製の折りたたみ椅子は補助用にするがよい。照明は明暗を適当にすることができるように、ところどころにスウィッチをとりつけておくと経済的でもあり、効果をあげることができる。換気装置にはじゅうぶん注意しなければならない。暗幕装置は映写を講演に利用することが多くなった現在では、映写機とともに図書館に欠くことのできない設備であろう。

図書館が対外活動として行うレコードコンサートや映画会などについては、著者はまったく無知であるからここに触れることはできない。それぞれの専門家に聴き、専門書に徴せられたい。

Ⅲ　移動図書館を中心に

図書館は、その奉仕拠点に容易に接近し得られる人びとに対しては、館内閲覧・参考事務・館外貸出などの方法を通じて図書を運用し、読者に奉仕するのであるが、遠隔の土地にあって、これらの便宜にあずかり得られない読者のために、これまで「巡回文庫」とふつうに呼びならわされていた移動図書館（traveling library）を送り、それによって個人ならびに団体に奉仕している、これは形式の上から言えば、館外貸出の延長とみることができるのであるが、特定の目的をもって図書を選定して組み合わせ、また時には図書館専門職員を派遣して読書の指導・図書の利用について話しあいをするなど、独特の性質をもつものということができる。

移動図書館の起源は一八一〇年スコットランドの教会区で、宗教的事業として着手されたものに始まるといわれ、一八一六年にはハディントンのサミュエル・ブラウン（Samuel Brown）が五十冊ずつの図書群を巡回式にして、無料で村落とその附近に貸出したということである。この方法は一八二五年ごろイングランドの各地で採用され、のちオーストラリアで非常に成功をおさめた。すなわち一八七七年メルボルンの公共図書館は、五十冊の図書をおさめた書函を市外の図書館に貸出し、約八千冊の図書が十六カ所の地区を移動していたことは、余りにも有名な物語である。最初の教育的意味をもった移動図書館は、オックスフォード大学が、その公開講座を設けた都市の地方委員に発送したものであるといわれている。わが国でも府県の図書館が補助の機関として、あるいは団体または個人の特志家が読書奨励の意味で計画し、実行していたことはすでに述べたとおりである。

移動図書館には（A）**貸出文庫**と（B）**自動車文庫**とをあげることができる。前者は特定の場所に図書群を送り、その場所を奉仕拠点として附近の住民に図書の閲覧・貸出の機会を与えるものであり、後者は自動車を利用して定期に特定のステーションを訪問して図書館奉仕をするものである。前章に述べた閲覧所と貸出文庫とのちがうところは、貸出文庫は集書群が、せいぜい五十冊程度であることと、私宅に発送する家庭文庫をも、これにふくめて総称するのである。かって南満洲鉄道株式会社や、朝鮮の竜山鉄道図書館では、鉄道職員の社宅に家庭文庫を送り、教養と娯楽に資したことがある。

A　貸出文庫

（1）**発送する場所**　貸出文庫は（a）少なくとも五人以上の有志が、地区的にまたは職場別に組織した読書クラブ、(b)他の図書館あるいは図書室――地方議会の図書室をふくめて特殊図書館、(c)学校――職員用図書ならびに学級文庫、(d)町村役場――吏員《りいん》の教養とレクリエーションのための図書、(e)公民館――図書部を補足するための資料、(f)会社・工場――調査・研究用図書を除く、(g)青年団・婦人クラブなどを対象とし、これらの団体が責任ある代表者をもって、一定の様式により書面をもって要求したとき、図書館はこれを調査して、適当と認めたばあいに、これを施行するのである(書式などはあらかじめ印刷して置くべきである)。

そのほか警察署・消防署・教会の日曜学校などの官庁・団体などで、正式の手続きを経たものには貸出文庫を送ってよいのである。また商店・理髪店・個人の住宅に及んでも差しつかえはないのであるが、しかしこれらに対する図書館奉仕は、のちに述べる自動車文庫の方式によるのが便利なばあいがあろうし、また共済組合・互助組合などの福祉施設として、すでに図書館・図書室をもっているものに対しては、補足的な図書奉仕でよいこともあろう。

(2) **文庫の編成**　貸出文庫は、運搬の便宜上三十冊(小型)ないし五十冊(大型)程度をいれる書函をつくり、これに図書を納めて編成するのである。その方法として(a)**固定式**とよばれるものは、図書館で適当と思う図書を適宜選択して発送するものである。読者はその集書の範囲から、自身の希望する図書をさらに選んで読むのであるが、時として読者に向かない喜ばれない図書も交じっていて、読まれないものも出るであろう。(b)**自由式**と称せられるものは、読者が自由に選択する希望図書から編成する。あらかじめ送付されている貸出文庫図書目録により選択し、図書館に近いところであれば来訪して、書架から自由に取り出すことを許すのである。このばあいには読まれないという図書はほとんどないが、その代わり貸出文庫用図書が相当充実していなければならないし、また多数の複本を必要とするものである。(c)**折衷式**と言われるものは、固定式と自由式の二つを折衷したもので、読者の希望する図書に図書館の選定した図書を加えて編成する。その比率もまちまちであるが、読者の注意にのぼらない図書、忘れられている図書で読んでもらいたい図書も少なくない。貸出文庫の担当者の周到な調査にもとづく良識が、その配慮を通じて読者の満足をかち得ることもあろう。ただ図書館の事務は複雑となり手数を要することを、あらかじめ覚悟しておかなければならない。（d）**特殊研究式**と呼ばれるものは、ある特殊な研究題目の申し出に対して図書資料を提供するものであって、学校・研究所などの調査機関に対する補足的図書の奉仕が主体である。希望図書だけを貸出すのであるならば、このばあい、それは図書館の相互貸借(inter-library loan)に類型づけられるであろうが、時として研究に必要と思われる希望図書以外の資料を追加して発送するばあいには、やはり貸出文庫の一種と称することができるであろう。刑務所に送る一般の貸出図書はこの方式に準ずべきであろう。

（3）**図書の選択**　巡回文庫制度の初期に、その評判があまり芳《かんば》しくなかった理由は、（い）文庫に納められた図書が高尚に過ぎて読まれなかったことと、（ろ）その手続きがあまり煩瑣《はんさ》に過ぎて厄介もの扱いされたためである。図書館の蔵書構成は普遍的網羅的でなければならないが、貸出文庫は必ずしもその縮図であるべきだということはない。とくに貸出文庫は冊数が限られており、そのうちから読者はさらに選択するのであって、希望図書がないからと言って代用品ですますというわけにいかないばあいがある。相手をよく調べて見きわめた上で、適切な図書を選択しなければならない。「闇夜に鉄砲」では弾の浪費となるばかりである。

大まかに言って貸出文庫は小説・随筆などの軽い読みものが、比較的に大部分を占めることになるであろうが、ノン・フィクションについては平易に書かれた容易に理解される手ごろの通俗の図書、挿画の多い歴史書、地図・写真の豊かな地誌・旅行記、楽しく読める伝記、わかりやすく解説してある政治・経済・時事問題を取扱った図書、説明のゆきとどいた科学書など、多くの人びとにとって興味のもてるものが選択されるであろう。送り先の職業と関連のある有用技術（農・工・商・製材・漁業）の図書、主婦たちに喜ばれる育児・料理・手芸・生活改善の図書を加えることを忘れてはならない。

文庫本・新書判・写真文庫などは、図書館ではともすれば紛《まぎ》れやすく、行衛《ゆくえ》不明《ふめい》となることが多いので、特別のばあいにしか集書されないが、貸出文庫用としては恰好のものが少なくなく、参考用の図書として、読者の研究心を喚起させる機縁をつくるものがないでもない。

（4）**巡回方式と貸出期間**　貸出文庫の回送には（い）一カ所一文庫として、図書館から直送する**単独方式**と、（ろ）二カ所以上を組合わせて一文庫を送って巡回させ、一定の期間後に図書館に返還させる**巡回方式**とがある。以前には巡回方式が圧倒的であったため、巡回文庫という名称も起こったのであるが、貸出期間をなるべく短くして新しい図書資料と交替させることは、移動図書館奉仕の要諦であり、したがって小型文庫を多くして、しばしば直送する単独方式がまさっていることは言うまでもない。もし巡回方式をとるとすれば、大型文庫を使うこともまたやむを得ないであろうが、回送先が多くなれば多くなるほど、返還するまでに時間がかかり、図書群は新鮮味を失い事務は複雑を加え、図書の破壊は甚しくなることは必定《ひつじょう》である。かつ巡回ルートが一定不変であると、最後のところではいつも新しい図書を手にする機会がなく、たえず読み古しの汚れたものばかりを見るという不公平も起こるであろう。ときどき順位をかえて調節したところで、それは姑息《こそく》の手段であるに過ぎまい。

貸出文庫の期間をどうしたらよいか。これも「人を見て法を説け」であって、定則があるわけではない。文庫の大小と内容、回送先への交通機関と運送の方法、利用する読者の数と教育程度などによって左右されることが多い。むかしは六カ月というのもあったけれども、今日では三カ月でも長すぎるのではないか。文庫の数も一カ所一文庫ときゅうくつに考えないで、小型ならば甲乙二種類ほどのものをつくって、十五日ないし二十日ぐらいで交互に交換するとか、大型ならば一カ月ぐらい据え置くとか、臨機応変の弾力性のあるくふうが必要であろう。貸出文庫は年中無休であることが望ましく、真空地帯ができたのでは画竜点睛《がりょうてんせい》を欠くのうらみがあろう。

（5）**管理と貸出**　貸出文庫を借受ける責任者がすなわち同時に管理者であることはもちろんとして、これらの人びとは仕事の片手間に文庫の世話をするのであるから、図書館についての訓練をうけたことのない素人が多いとみるべきであり、したがって積極的活動を望むこともまた無理である。ただ貸出文庫に興味をもつ熱心家で、正確に仕事をしてくれる真面目な人であることをもって満足すべきであろう。

このような次第であるから貸出方法も簡素を旨として、あまり手数をかけないようにし、個人に対する貸出はブックカードを使い、読者の登録簿だけを文庫に添えることにすればよい。貸出期間中には一回もしくは二回、図書館から職員が出張して連絡するなり、読書指導の会合をもつなり、また読者を中心に座談会・講演会をもつ企画をすることが望ましい。毎年一回ないし二回は管理者だけの会合を開き、各地の状況をお互いに話しあい、希望をザックバランにブチまけ、評価と反省のもとに方法の改善を講ずることも是非やりたいものである。

なお書函は木製が主であるが、まれに柳行李《やなぎごうり》に中仕切をつくり、外をズックの雨覆をしたものを使用したこともある。いずれにせよ展示用を兼ねたフタのある書棚式とするか、運送用の荷箱式とするかである。書函はもち運びに便利であって、箱も内部の図書もいたまないように、自転車・荷車・自動車・汽車の積みおろしに楽なことをねらいとすべきで、自重と内容とあわせて、ひとりの人で処理できる重さでなければならない。堅牢《けんろう》を主としても費用が高くついたのでは困るし、また相当数を用意しなければならないから、置場所についても注意が必要である。

（6）**運送と費用**　運送の方法は、だいたい鉄道便を利用するのが得策といわれているが、まれには自転車や自動車によることもあろう。場所によっては荷車・馬車・人の背を借りることを必要とするかも知れない。運送の費用は往復ともに、図書館が負担することができれば一ばんよいのであるが、片道制によって往は図書館が費用を負担し、返送のばあいは借受者が負担する契約を結ぶこともあり得る。「図書館法」によれば公立図書館は図書館資料の利用に対しては、いかなる対価をも徴収することができないことになっている（第十七条）。これは図書館奉仕の立場から当然の規定と言わなければならないが、それならば公立図書館の貸出文庫に対しても、国は「必要な援助を行う」ことを考慮しなければならない。

「社会教育法」第五十四条は、認定された通信教育に対する郵便料金の特別取扱いを規程している。また盲人用の点字図書に対しても、郵便料金は特別取扱いとなっているのである。それならば公立図書館が貸出文庫を実施するばあいに、その運送費用についても特別取扱いをしてよいのではないのか。国が図書館の運営に要する経費に補助金を交付していることは事実である。しかしそれは図書館が最低基準に達しているばあいに限るのであって、貸出文庫は最低基準に達した図書館のみが実施するとは限らないし、また最低基準に達しなければ、貸出文庫を実施してはならないという理由はどこにもない。例えば前にあげた愛知県立図書館は館内活動は一切しないが、その巡回文庫は二百十九カ所、利用人員十五万六千百七十六人、貸出図書の数はわからないけれども、仮りに一年一人一冊の延人員としても、蔵書四万四千十三冊のほとんど四倍に相当する実績をあげている。それにもかかわらず昭和二十九年度においては、国庫補助金は一文ももらっていないのである。このような貸出文庫に対する認識の不足は、いったい誰の罪かと開きなおって問いたくなるのである。動く図書館とはどういうことなのであろうか。

B　自動車文庫（Bookmobile）

日本図書館協会の調査によると、昭和二十九年度におけるわが国の自動車文庫の数はすべてで五十一（府県三十八、市十二、町一）、それに府県教育委員会七となっている。不思議なことにそのステーションの数も、これを利用した人員の数も集計されていない。いちいちについて計算したらよいのであろうが、それではあまり親切なやり方とはいわれない。それはともかくとして府県が自動車文庫を経営するばあいと、市や町の自動車文庫とではおのずから目的・方法・駐車場の選定と駐車時間・積載図書の種類と分量などでちがいがある。また成人を主とするか児童をも対象とするかで、乗務職員の選び方も考えなければならない。図書だけでよいか、雑誌を加えなくてもよいかも、今までは知らず、これから後の問題となるであろう。車体についても地域社会によって小型を便利とするところもあり、大型が都合のよいところもあろう。できれば両種を利用して奉仕の万全を期したいものである。スマートな魅力のある外観はもとより、声のサーヴィスもなおざりにできないから、マイク、ラジオ、レコードプレーヤー、テープレコーダーの設備をして、ニュース、レコード音楽も放送しなければならない。

い　概　観

自動車文庫については現場の実際経験者の知識が尊重せらるべきものであって、それらの豊かな経験はすでに各地で行われた研究集録に述べられているところである。著者が講壇から語る説明のごときは、いわば畳水練《たたみすいれん》にとどまって片鱗《へんりん》すら描くことのできないものではあるが、その一つ二つについて述べてみよう。

（1）自動車文庫は二つのハッキリした目的をもつものである。その一つは（a）他の図書館施設によって奉仕されていない僻遠《へきえん》地区に図書を奉仕することであり、他の一つは（b）図書館のために弘報・宣伝の役目をすることである。自動車文庫は一定のステーションをもち、定められたプログラムによっておのおののステーションを訪れ、一定の時間そこに駐在するものである。

（2）自動車文庫は図書館専門職員が一般の公衆と接触し、その個人的関係を通じて読書への関心を刺激する機会をもつものである。自動車文庫は行きずりの路傍《ろぼう》の人をとらえて、これを図書館の読者とすることができる。

「適書を適者に」という図書館の理想は、このような人間と人間とのあいだにかもし出される人間的な関係によって達成することができる。そして一般公衆は自動車文庫を通じて、図書館がどんな組織をもち、どんな図書館奉仕をしているかについて理解することができる。

（3）自動車文庫は一般公衆の生活環境において彼らと接することができる。自動車文庫を通じて図書館は、人びとの現実の生活を面のあたり見ることができる。そしてより以上に彼らに奉仕するためにうちとけて、自由にお互いに図書館について語りあうことができる。学校教師は学校教師のために図書館が、どんな奉仕をしているかの知識をもっているけれども、主婦たちに奉仕しているのをみて驚くかも知れない。主婦たちはまた図書館が、彼女たちの児童に奉仕するをみて讃歎《さんたん》を禁じえないであろう。すべて青空のもと形式ばらない自動車文庫の雰囲気は、人びとに図書館は自分たちのものであるとの印象を深くきざみこむことであろう。

（4）自動車文庫はステーションごとに表明される読者の要求を通じて、地域社会の読者の動きを把握することができる。自動車文庫の読者を直接に図書館と結びつかせ、参考事務の奉仕をすることも可能である。図書の予約を引きうけ、次の機会にこれを持参することもできる。もしそれが緊急やむを得ないものであるならば、帰館後すぐに郵送したらよいのである。駐車時間中に本館と電話連絡をする機会でもあれば、それらの奉仕は立どころに弁ぜられることとなるであろう。

（5）自動車文庫の図書は毎週これを交換するから弾力性をもち、かつ新鮮であるために準分館・閲覧所などで、二～三カ月ごとに交換されるものよりも一般公衆の関心をひくことが多く、したがって図書貸出の質および量においても、総体的にみて閲覧所よりも活発である。閲覧所で眠っていて利用されていない図書でも、ほかではより必要とするものがあるから、それらを自動車文庫に移すことにより図書の動きが著しく増加する。

（6）自動車文庫はいろいろな種類の図書から、読者が希望するものを選択させるのであるが、利用度の高いわりあいに係員の注意が断えず行き届いている。そのため破損すれば直ちに修理を加えることができるから、貸出文庫とくらべて紛失もすくなく、利用記録も比較的正確につくることができる。

（7）自動車文庫は分館の役割を果たし得ないわけではないが、分館のする仕事に及ばない短所がある。自動車文庫は多くのばあいに参考図書をもっていないから、こみ入った参考事務に応ずることはできない。また分館は毎日開館するけれども、文庫は一週に一回ある時間に限られている。ことに露天であるから、寒暑風雪のばあいには読者に苦悩であって、雨中に立って図書を選ばなければならないことがある。自動車文庫の利用は当座しのぎの一時的方法としてはたしかに有用であるが、身を入れた研究をするということになると、恒久的設備をもった分館に過ぐるものはない。

ろ　運　営

自動車文庫を企画するばあいに、いろいろな準備を必要とすることは、他の対外活動のばあいとかわりはない。（イ）自動車の設計、（ロ）創設費・維持費のねん出、（ハ）燃料の入手、（ニ）職員の訓練、（ホ）資料の選択と整備、（ヘ）駐車場ならびに巡回スケジュールの決定など、問題は多い。とりわけ駐車場の運営は、図書館だけの力では、とても万全を期することはできないから、巡回町村に運営委員会をつくり、その援助と協力とを得て、巡回日時の伝達やら、駐車場の設備に、注意してもらわなければならない。

自動車文庫には成人用図書ばかりでなく、児童図書を必ず備えなければならない。都市のばあいでなくても、学校のグラウンド・公園・遊園地などが駐車場となることが多いであろうから、児童司書・司書補は同乗してゆくとよい。そして暫らくの時間でも、小さなテーブルをもち出し、折りたたみのベンチやむしろを延べて「お話のつどい」をもったらよいのである。青と黄色のビーチ・アンブレラを立てておけば、陽よけにもなるし宣伝にもなり、また自動車文庫の目じるしにもなるのである。林間図書館・海浜図書館のすがたが市中にも見られる。

昼の休憩時間――ランチタイムに工場を、自動車文庫のスケジュールに織り込むことも一つの方法であろう。養育院や養老院を訪れて、図書を配布するだけでなく、紙芝居・人形劇・レコードコンサートに興ずることもまた愉しい。

　自動車文庫が成功するためには、何を措いても適当な職員を得るということであろう。ふつうの標準だけによるのではなく、特別の考慮を払っていろいろな程度の職員を選び、これをじゅうぶんに訓練して永くその地位を保つようにしなければならない。例えば転退職や病気で熟練した運転手に故障が起これば、すぐに自動車は動かなくなり、代人を求めることも容易でなく、たちまちスケジュールに狂いができてくる。これは何も自動車文庫だけに限るのではなく、職員の故障は図書館活動のすべての部門に影響するのであるが、とくに自動車事故・天候の激変にも善処しなければならない点で痛切なものがあろう。図書の保全と紛失・汚損の防止および修理、駐車場での貸出事務の敏速な処理、ことに自動車文庫の主任は図書資料の選択には、一般公衆に魅力のあるものを常に心掛けるとともに、行く先ざきでは快活で陽気でキビキビと読者と応待するのでなければ、図書の貸出にたちまち影響して逓減《ていげん》することは疑いないことである。主任が交替した直後とか欠勤したりすると、それがてき面にあらわれてくると言われている。健康で社交性の豊かな、永続きする人物が望ましい。自動車文庫が一時間に貸出す図書の分量は、おそらく多くの閲覧所で一週間に貸出す分量に相当するであろう。それほどにやり甲斐のある仕事であるが、また疲れもする仕事である。

　自動車文庫を実施しているところでは、たしかに好評を博していることは事実である。伝えられる駐車場風景にはほほえましい場面もあれば、感激のるつぼをたぎらせるシーンもでてくる。連れ立った友だち同志が会心の笑みをうかべて、うなずき合いながら帰ってゆく姿も見られるが、また、あれも読みたし、これも借りたしと戸惑って右往左往するものもあろう。ともあれ自動車文庫は巡回する町村の人びとの要求をみたすために、もっともっと充実しなければならないが、未巡回の町村にも更に触手をのばして奉仕しなければならない。しかし自動車文庫の増設にも限度がある。と言って数千から万余の人口をもつ町村に、五十～六十冊の図書を貸出しただけでは焼石に水であり、二階から目薬である。町村それ自身もまた奮発《ふんぱつ》して郷土図書館――たとえそれが微小なものであろうとも――をつくり上げる意欲をもたなければならない。その気運を温醸《おんじょう》させ高揚させることもまた、自動車文庫の使命であるといわなければならない。

7　対外活動としての弘報

I　弘報活動の目的と方法

図書の功徳と読書の価値をあげつらうことは、千言万語をもってしても事なかなか容易ではない。図書は事実と情報とを伝え、こころの糧となり人びとを楽しませるものである。図書は輿論の源泉であり、教育の手段である。そしてそれらの図書はいつでも、どこででもたやすく手に入れることができて、悦ばせてくれるという点で他のマス・コミュニケーションの及ばない長所をもっている。これらの図書資料の供給源がすなわち図書館であって、図書館は公の機関として公の支持をうけ公の支配に属している。

現在の活きて動く図書館は限られた環境にあって、なおかつそれに適合した奉仕活動を、参考事務に成人教育に児童への奉仕に貢献しようと意図している。それにもかかわらず図書館は、自からの力が足らないために、「自己改善」への努力もたどたどしく、よき実体を備え得ないことのもどかしさを感ずることが深い。だが非力であるが故をもって図書館奉仕を拒まないにしても、なお図書館の微弱な努力を受けいれることを躊躇している多くの人びとのあることを思うとき、われわれは社会の理解をうる目的のもとに、弘報活動を発展させることによって、健康で建設的な相互関係を確立し維持することをしなければならない。

図書館の弘報活動はそれ自体が価値あるものではない。図書館は弘報活動をとおして新しい読者を獲得し、よりよき読書生活をつくり出すために努力するものである。ただ図書館が公の機関として、その置かれている立場が、かの商人が広告をもって新しい顧客を獲得するのとは目的は同じであっても、図書館の弘報活動の範囲と方法とにおのずから限界とちがいとがなければならない。図書館は他と競争して利益を得ることを必要とするものではない。むしろより多くの信頼と協力とを社会に期待するものである。その前提として図書館は、広く社会から理解され支持されなければならない。図書館が特別のグループならびに一般公衆の理解と支持とをうけるためには、あらゆる表現の方法をもちいて図書館の実体を説明し、多くの人びとの好意を得なければならない。図書館の弘報活動はまず図書館の実体を作為なく「知らせること」すなわちインフォーメーションによって第三者の理性に訴え、その正しい判断によって行動させることを目的とするものである。

新しい石鹸《せっけん》をつくって売り出し広告をしてみても、誰ひとりこれを使ってくれるものがなければムダである。広告は個人に訴え、個人の行動として直ちに反射されることを目的とするものである。図書館の弘報活動においても、図書館の存在する事実とその場所、開かれている時間と利用の方法とについて、直接にあらゆる手段を尽して一般に周知させることを第一の義務と考える。しかしわれわれの求むるところは、広く図書館の知識を与えることが主眼ではなく、人びとを行動させて現実に図書館の読者をつくることである。ところがどのように相手に耳を傾けさせても、関心をもたせ興味を抱かせるのは公衆の一部にとどまる。したがって弘報活動は、できるだけ特別の興味と関心とをもつ特別のグループに呼びかけることである。個人的アピールが強ければ強いほど、その反響が直接にあらわれてくる。だから図書館の弘報活動は部分的に集中的にすることが、経済的であると同時に効果的である。

弘報活動が特別に関心をもつ部分に集中されるとすれば、その呼びかける特別な階層の人びとに普くゆきわたるようにしなければならない。そのことはおのずから弘報の方法をも決定するものであって、どのような内容をもったものを採用し、これをどのように取扱ったら効果があるかを考えて、その方法をとりあげなければならない。いろいろな種類の人びとには、ちがった方法を講じて弘報の効果をあげなければならない。あるグループに適当と思われるものが、ただちに他の部分に効果があるものではない。このけじめに無頓着であると、弘報活動は、かえって浪費となり逆な効果をもたらすものである。

弘報活動は継続的でなければならない。途中で息切れがしたのでは、最大の効果を収めることはできない。そして地域社会の日常生活とからみあい、利害関係を生ずるときに、もっとも広い豊かな効果を生ずるものである。われわれは毎日平気で水道の水を使っているが、断水されたときの苦悩はひとしおである。地域社会の住民の大部分が図書館を利用する習慣をもち、明けても暮れても図書館のことを口にするようになれば、図書館を利用していないものがこれを耳にし、あるいはこのことを読んで、どうして自分だけが除《の》けもののように、図書館を利用していないのかと怪しむようになるであろう。

獅子は兎を搏《う》つにも全力を用いるというが、弘報活動に着手するときまったからには、図書館はその全体の力をかたむけ、あらゆる表現の方法を利用しなければならない。なま半可な気乗りのうすい冷淡なやり方では、忙しい近代人の心をとらえ、深い印象を与えることはできない。チンドン屋の仕事は平常な街の空気をかき乱し、異常な騒音に好奇心をかきたてることである。図書館は地域社会に平常な地位を占めることを希《ねが》うものである。したがって図書館の弘報活動は、あの手この手を使うけれども、それは平静な平常な方法で、図書館に無感覚な人びとを次第に少なくすることを意味するのである。

弘報活動は継続して休みなしに、平常な方法で行わねばならないとすれば、その内容においても方法においても、いろいろと変化をもたせなければならない。同じようなことをたびたび繰り返していたのでは、人びとはこれに注意を払うこともしなければ、反応を示すこともしない。あげくの果ては「又か」とさげすむようになるのである。新奇なものこそ常に人びとにアピールするのである。新しい方法を用いることがまた多方面にわたって、広く人びとのあいだに個人的注意をうながすこととなるのである。だから健全な政治運動が、そして宗教運動にしてもが、あらゆる表現の方法をつくして――新聞に雑誌に、ビラにポスターに、パンフレットにリーフレットに壁新聞に、あれもこれもと倦《う》むところを知らないのである。

弘報活動にはどのような事実を伝え、どのような行動を刺激したらよいか。むろん図書館の機能と図書の効用とを説き、それらはすべての人びとの生活に関連して、欠くことのできない必要なものであることを会得させ、図書館を利用すれば各人はその必要を満たすことができ、利益にあずかる機会のあることを知らせることである。多くの人びとは図書の価値について知っているであろう。しかしそれはおのおのの立場において、勝手に自己流の解釈をくだしているのに過ぎない。図書が文化財であり、現在の生活に潤滑油の役目を果たし、過去の記録であり、未来の原動力となることを知るまでに至っていない。或るものは図書を消閑《しょうかん》の具と軽くみている。或るものは読書は「論語読みの論語知らず」をつくるものと考えているのである。したがって弘報活動は相手の個性を認識し、その趣味・環境・能力・経験・必要に応じて、もっとも適当な図書を選び、実際にその人の希望を満たしてやることである。それが個人的のアピールなのである。そうすれば進んで自から図書を利用するように行動することとなるであろう。

人びとが図書の性質・機能・効用を理解したならば、こんどは図書館に来て、読書する仲間に加わることを奨励したらよいのである。多くの人びとは図書館の「価値」を認めておりながら、図書館は自分たちのものではないと、潜在意識的に思いこんでいるのである。この考え方は払拭《ふっしょく》してしまわなければならない。そしてどのようにすれば図書館を利用することができるか、図書館にはどんな書物や雑誌があるか、どのような手続きをすれば図書を借り出すことができるかを知らせ、指導し納得させなければならない。

最後に図書館の組織と管理とについて多くの人びとに告げ知らせ、彼らの支持をうるように努めなければならない。読者もまた市民である。市民の支払う税金によって図書館の経費は賄われているのであり、市民の選んだ図書館の設立者――郷土的地区的の権威によって支配されているのである。読者が図書館を利用するのは直接に利益を得ることであり、もし図書館について不満な点があるとするならば、市民としての支持が不充分なのに基づくものであって、これを是正することは読者の力において可能なのである。多くの人びとは図書館を半ば慈善団体の機関であるかに誤解し、その経営・管理の可否は、まったく読者の支配の外にあるかのように錯覚している。民主主義社会において図書館は、国民の信託によって国民に奉仕しているのである。信託者と被信託者との相互関係におけるインフォメーションが、すなわち弘報活動なのである。

図書館の弘報活動は決して図書館の宣伝ではない。宣伝にも「知らせる」意味が多分にあり、「伝えひろげる」ことはマジメな意味である。それが羊頭《ようとう》狗肉《くにく》式の欺瞞をふくむゴマカシを連想させるようになったのは、ある一定の効果をねらってそれを強調するのあまり、事実を歪曲して感情に訴え、「上意下達」の命令的口調をもつようになったため、かえって悪徳の異名であるかの社会通念を生むに至ったのである。命令することが弘報に効果がないというのではない。しかし早晩《そうばん》それは千篇一律な変化のない退屈な一本調子となって、世間の笑い草となるばかりである。民主主義のもとには上下の関係はない。弘報は為政者の作った型にあてはまる協力を知らせ求めるのではない。理解による正しい判断に基づいての行動こそ、自主的協力の大きな支持をもたらすものとなることを信じての活動である。

II　ポスター、その他の印刷物

図書館が弘報活動をするとき、どんな手段をもって訴えたら、問題の焦点を解きあらわす表現方法として、もっとも適当でかつ効果があるかをみきわめて、これを決定しなければならない。弘報活動に用いる媒体（media）の種類は多く、その範囲が広いばかりでなく、つぎからつぎへと新しい媒体がつくられてゆくのである。それらのうちから新鮮で魅力のあるもの、刺激が強烈で変化に富むものを選ぶこともあれば、ジックリ落ちついて味わわせるものがよいこともある。いずれにせよ一般公衆の意識的注意を一点に集中させ、読ませ聴かせ、理解させて行動にまで導いてゆかなければならない。

これまでの弘報活動の媒体として、ふつうに用いられていたものは、視覚に訴えるものとしては新聞雑誌の記事・広告・パンフレット・リーフレット・壁新聞・ポスターその他の文書・図画などの印刷物、絵画・写真・無声映画・立看板などがあり、聴覚に訴えるものとしてはラジオ・自動車文車の放送・講演会・説明会があり、視聴覚に訴えるものではトーキー・紙芝居・幻灯などがあることは前章にも述べておいた。

A　ポスター（Poster）

ポスターは簡潔な内容と形式とで、もっとも印象的に図書館活動を周知させる方法である。寸鉄殺人的《すんてつさつじんてき》な文字と目につきやすい絵とを巧みに配合し、伝えたいと思う思想なり感情なりをあらわし、相手に訴える独特のもち味をもつ代表的のものということができよう。ポスターには印刷したものとメイクアップしたものとの二つの種類があり、またその使用法にも図書館の建物の内部に使うものと、外部に使うものと二つがある。

ポスターの文案は、内部用と外部用とで相違するのはあたり前である。前者のばあいは読書を奨励するとか、読書の性質・範囲を広くするとかに限られる傾向があるが、外部用のものは図書館の所在・読書の効用などについて主として注意をひくこととなるであろう。しかし図書館の主催する講演会・レコードコンサート・映画会などには、読者でない人びとも会合するから、街頭の人びとに訴える図案なり文章で用を足すことができる。ただ図書館の内部にあまりベタベタとポスターを貼りつけたのでは、それが芸術的作品であっても、わずらわしく見場のよいものではない。せいぜい入口のところの掲示板とか、読書室・参考図書室・講演室の装飾用とする程度にとどめておくべきであろう。

外部用のポスターはいろいろな種類のものを、なるべく人の出入りの多い適当な場所に掲げ、いろいろな用途に使うことができる。費用のかからぬポスターなら、多少なりとも思いきって、大まかにいろいろな所へも配布してもよいが、値段の張るものには場所の選定を慎重にして、ムダにならぬような注意が肝要である。ポスターを掲示するところは学校・団体・クラブ・労働組合・商店・銀行・郵便局・停車場・工場・官公庁・社寺教会・電車・バスなどである。学校へ送るポスターには児童・教師・両親に訴える主意の字句をいれ、官公庁・銀行・会社に向けるものはレファレンスや電話によるサーヴィスを謳《うた》った文章を加えたらよい。図書館の所在と開館時間とだけを知らせるポスターならば、停車場・郵便局・銀行のような保守的なところでも、余り文句なしに図書館に好意を示してくれるにちがいない。

わが国ではポスターと言えば、「読書週間」のときにきまっているようであるけれども、もし廉価なポスターの生産が可能であるならば、相当の需要があるものと考えられる。イギリスでは図書館関係の図書を多く出版しているグラフトン会社が、図書館のポスターをわずかの費用で供給しているということであるが、日本図書館協会なり各地方の図書館協会がこれを計画し、実費で広く頒布《はんぷ》することが望ましい。それぞれの図書館でもポスターをつくり、分館・準分館・閲覧所をはじめ各所に掲示することができるが、印刷の費用がかかるので、特別のばあいのほか無理な相談であろう。

B　告知板・掲示板

図書館の入口には、内部か外部に告知板（notice board）が置かれていて、図書館の年中行事やいろいろの活動、講演会・展覧会などの催しを告知することがある。図書館の行事に空白ができて使用されていないときには、他の非営利的団体・教育団体・芸術団体などの告知板に使わせてもよい。いずれにせよ告知用の文字は大きく鮮明でなくてはならない。また大小いろいろの型の色紙を使い、いろいろのちがった文章を綴って、ちがった色のインキで表現すべきは言うまでもない。いつもきまった文句の同じ形と色とでは、誰もウンザリして相手にしてくれないであろう。写真も効果があるが、それが注意されるのは説明の文章と離すことのできない関係がある。総じて弘報のときの文章は、クドすぎたり長すぎたりすることのないよう、行間にもゆとりのあるほうが効果的である。マジック・インキの使用も望ましい。

掲示板（bulletin board）が告知板とちがう点は、主として時事問題とか「時の人」とか時の流れを掲示するからである。雑誌から切りとった写真に適当な見出しをつけ、新聞・雑誌の切り抜きも同じようにして、これをアップ・ツー・デイトなものとし、ときどき取り換えて変化を示すならば、読者はこれを読む習慣をもつようになり、その結果いつもとは違った図書を借り出すこととともなろう。

掲示板は児童室に置かれることが多いが、新聞雑誌室でも入口のホールでもよい。図書および図書館に関するものであるならば、図書館以外のところ――学校・クラブ・町内の各所にある掲示板を利用することを考えてもよい。

C　しおり

しおりには二つの目的がある。その一つは図書のページのはしを折らないようにするため、そして不適当な目じるし――鉛筆とかマッチの棒とかを代わりにさしこまないようにするためと、もう一つは図書館の弘報・宣伝の媒体とすることである。しおりには文房具店・出版社・貯蓄組合でつくるものがあり、図書館はそれを利用して少しもさしつかえはない。しかし特別に図書館のしおりをつくると一石二鳥の効果がある。もし図書館が銀行・会社・出版社の広告しおりを無料で、読者の便宜のために配布することが正しいとするならば、図書館のつくるしおりの片面に、これら商社の広告を載せて費用を負担してもらうことも悪いことではあるまい。図書館のしおりは現実に図書館にくる読者に与えられるものであって、外部のものに行きわたらせる広告目的でないことを記憶すべきであろう。

しおりには必要なインフォメーションをいろいろ書いたらよい。――(い)分館の所在地とその開館時間、(ろ)講演会などの催しもののスケジュール、(は)図書館のことを友人・家族、とくにこどもたちに伝えてほしいこと、(に)図書の取扱い方を丁寧にしてほしいことなど、弘報として大いに役立つことであろう。

D　フォルダー（Folder）

近ごろ、あちらこちらの図書館から美しい写真や、くふうをこらした図表などを載せたフォルダーが発行されている。図書館の特色を簡潔に明瞭に説き示して、図書館とは何か、なぜ利用しなければならないのか、図書館には何があるか、どのようにすれば利用できるのか、閲覧時間は何時から何時までか、分館・閲覧所はどこにあるか、蔵書の数はどれだけあるか、館外貸出・団体貸出はどうすればよいのか、どんな新聞雑誌が備えられているかなど、親切にわかりやすく記述され、便利なものとして重宝がられ、図書館に来た人びとに手度され、図書館の内外で開かれる講演会その他の集会でも配られるのである。図書館とその事業を知らせるにうってつけのものとして、すべての弘報活動の基礎となるものということができる。

しかしふつう一般向きのフォルダーは、顕著な事実をとり上げているだけであるから、図書館のいろいろな便宜をじゅうぶんに利用したいと思う人びとに、必要なインフォメーションが、すべて網羅されていない物足らなさを感ずるかも知れない。したがって現実の読者は、別のちがった詳しい特別の事項を、もっと知りたいと願っているかもわからない。ともかくフォルダーは弘報の手段としては、多少費用はかかるけれども、効果のあるものである。一種類にかぎらず、時どき目先のかわったものをつくることが望ましい。

E　読者案内（Readers' handbook）

フォルダーのさらに充実して大きくなったものが図書館の読者案内で、図書館利用の手引である。イギリスには百ページにのぼる読者案内があるそうであるが、それは読者案内が多方面にわたって配布され、その範囲が広いために、少しぐらい費用が嵩《かさ》んだところで、広告代でそれを賄うことができるからである。わが国では明治二十三年（一八九〇）十二月、初代の帝国図書館長田中稲城《いなぎ》が海外留学から帰って間もなく、『東京図書館一覧』が出版された。三×五寸の袖珍型《しゅうちんがた》のもので、その内容は東京図書館沿革略・東京図書館の利用にはじまり、東京図書館規則、・東京図書館帯出特許規則があり、目録案内は書冊型印刷目録・「カルタ」形目録函入について分類法と索引とに関する二十九ページの懇切な説明があり、つぎに閲覧手続き・特許帯出の手続き・優待券・図書購入の勧告・榊原文庫・寄附金・最近五年間の平均閲覧統計をあげ・通俗図書の閲覧に関する大日本教育会附属書籍館との関係とその所在地（神田柳原河岸六号地）を示し・雑誌目録・珍本稀覯書類・類標および書目・参考図書目録・日本に関する洋書目録・参考洋書類ならびに洋書目録などで百二十四ページに達している。

『九州大学附属図書館閲覧案内』（一九五三）は本文18ページ、10×15cm、最初に建物の平面図をあげ、（1）沿革と現況、（2）九州大学附属図書館に関する規則、（3）図書閲覧及び検索に関する規程、（4）閲覧者心得、（5）図書分類、（6）図書目録・目録検索注意、（7）辞書参考書類、（イ）一般辞書類、（ロ）百科辞典類（ハ）特殊辞書類、（ニ）文庫類、（8）附属図書館商議委員、（9）附属図書館職員という内容である。

F　書目（Book list）

書目は、図書館資源を明らかにし、ある目的をもって読書するものの助けとなり、新しい読者を誘うのに役立つ経済的な弘報の媒体である。書目にはいろいろの種類があり、配布の方法も目的によってまちまちであるため、ここにこれを概説することはむつかしい。ひとりの読者のために新着書目をつくることから、一般公衆にアピールする書目もある。いろいろの要素が書目の性格を決定するということができる。

もっとも単純な書目は、個人または少数のグループに対して準備された一枚刷のものである。すでに述べたように図書館が中心となって読書会を開き、講座を設けることがあるから、必要のばあいには書目を編集しなければならない。グループ活動が事前に図書館の知るところとなったならば、その要求があろうと無かろうと書目を準備し、世話人をとおして仲間のうちに配布してもらうがよい。できれば予《あらかじ》め草稿を渡して書目の加除を求め、その訂正したものを配布することが望ましい。講演会・討論会などの時には、特別の書目を必要とすることが多く、二〇〇～三〇〇部ぐらい用意しなければならない時がある。仮りにガリ版刷りであっても、謄写技術の粋をこらして見る目も美しくし、一枚刷りよりも折って2ページないし4ページとするほうが、取りあつかいも便利で喜ばれるものである。

書目の配布量が多ければ、活版印刷の必要を生ずる。図書館の企画するこれらの書目は、どんな主題についても実行が可能である。これらの書目は目につきやすい場所において、関心をもつ読者に随意にとらせたらよいのであるが、もし書目を外部にくばるとすれば、特殊書目については特にその主題に興味をもつ階層に行きわたらせるようにし、あるいは一般に訴えるような一般向きの書目をつくるがよい。特殊書目を見境もなく気前よくフンダンに一般に配布することは、印刷費の浪費以外の何ものでもない。商品・貿易に関する書目は商社の支配人をとおして、製造工業・技術の書目は工場長をとおして配布し、多少なりとも責任をわかちあってもらうことも考えたらよい。

書目は図書目録ではなく書誌でもないのであるから、完全で網羅的であることを念頭におく必要はない。むしろ良書と適書とを選び、旧刊の図書・二義的図書は割愛すべきである。ただゴタゴタと羅列するのではなく、適当な空白をつくりスッキリとしたコクのある、そして全体が調和のとれているものをつくるのでなければ、誰も注意もせず、見ようとも読もうともしないで、いたずらに紙屑《かみくず》かごを太らせることとなるであろう。

Ⅲ　図書館報をめぐって

A　目的と種類

図書館の機関誌としての館報（library bulletin）は多くの目的に役立つものであり、したがってどの図書館でも、その刊行を意図し計画するのは自然である。館報は図書館の奉仕活動と切りはなすことのできない密接な関係をもち、しぜん弘報活動の小手しらべとしては理想的なものである。もともと「**新着増加書目**」として、印刷図書目録の補足的役目を果たすことから出発したものであるが、いろいろな特色を加味するようになり、その様式においても内容においても非常な変化を生じ、現在では最初の「増加書目」とはまったくちがった弘報機関となるようになった。

図書館報にいろいろの種類があるということは、言いかえれば、いろいろな種類の読者を目標として、いろいろな目的を達成するために、図書館は努力しているということである。或るものは増加書目をもって満足するであろう。或るものはこれにニュースを加え、論文を載せ、読者の関心をもつ特殊書目をかかげるであろう。新しい読者を獲得することに力コブを入れる図書館報もあろうし、また現在の読者の要求を改善することを目的とするものもあろう。いずれにせよ館報のねらいをどこに置くかによって、館報の性格が決定されるのである。誰に訴えるか――対象をまず決定しなければならない。常連のマジメな読者か、それとも軽い読みものに群がる一般の読者か、あるいは図書館をまったく利用していない大衆か、そのいずれもかである。マジメな読者は一般向けの館報では物足らないと思うであろうが、一般の公衆にとってはマジメな読者に向く館報には興味がもてないのは当然である。

そこで考えなければならないことは、図書館を習慣的に利用している読者は、すでに堂に入ったものである。世間にはなお多くの図書館を現実に利用していない、あるいは利用していても一時的のありふれた図書だけに没頭し、広い範囲のいろいろな文献に無知であって、スタンダート・ワークにも新刊の良書にも通ぜず、書評にも関心がなく、図書館の仕事にも方法をも理解しないものがいる。これらの人びとこそ図書館報がねらいとすべきであって、常連の読者は最後に考えたらよいものである。ところがこれまでの図書館報のうちには、伝統の絆が断ちきれずに、目標の確立が未だしという感じのものがないでもない。

B　大衆的図書館報

一般公衆に訴える図書館報は、(イ) 公の機関としての図書館に一般の関心をもたせ、(ロ) 図書館の奉仕活動についてじゅうぶんの知識をあたえ、(ハ) 読者の趣味ならびに興味と図書とを関連づけ、(ニ) すでに読んだ事がらと新しい題目とを結びつけると同時に、(ホ) 新しい主題に関心を喚《よ》び起こし、(ヘ) 読者と読書とを平行させ、(ト) 徐《おもむ》ろに職業教育なり、教養の目的なりに進むような刺激とならなければならない。

これらの目的を達するためには何を措いても、(a) 館報の外観が快適で魅力があり、「読みたい」という気持ちを抱かせなければならない。とかくこれまでの図書館報は「お役所風のドロ臭さ」がただよっており、そのために敬遠されがちであった。館報の編集にはいろいろとくふうが必要であり、改善を加えなければならぬ点が多い。（b）図書館報は読んでもらうものであって、読みたいものだけに届けられる一般の商業新聞とはちがうのである。だから館報の編集者は、どうしたら読まれるかを常に研究しなければならない。図書の目録は「目でみて参考にすれば」（consult）それで用は足りる。図書館報の記事が図書の目録を記入するようなスタイルであったのでは、いかに完備しておろうとも読まれる気づかいはない。（c）長たらしい文章は退屈の種となるものである。よく利く薬は常に小量である。朝刊の社説は読まなくとも、夕刊の短評には目を通すものである。簡潔でわかりやすく、気の利いた味のある見出しをつけ、変化のあるように紙面を組み立てることが望ましい。（d）館報はどの号もすべて、できるだけ多くの人びとの興味のもてるものでなければならない。と言うことは、すべての記事すべてのページが、誰にも彼にも興味をもたせるものであるということではない。それはまったく不可能である。図書館報の内容には制約があり、したがって編集のやり方にも制限がある。それは宿命的の難関だということができる。しかしどの号にもいろいろなトピックをとり入れるならば、そのうちの一つが、たとえ専門的のものであっても、それによって満足する専門家があるということである。（e）余りに程度の高い学者向きの記事は、避けることが原則であり常識でもある。

このように観察してくると図書館報の内容は、（い）図書館ニュース、（ろ）論説・短評、（は）いろいろな題目の記事・解説、（に）一般の関心をひくような新着図書目録、（ほ）紙面の体裁をととのえるための写真・カット、（へ）それに読者の投書・文芸・人事消息など、多彩のうちにスッキリしたものに仕上げ、「読んでよかった」と満足してもらわなければならない。

C　発行度数

館報の発行は金のかかるものである。そのことが館報の大きさなり、発行度数なり、また発行部数にも影響するのである。大体から言って8ページより少なくては、館報の目的は達せられないであろう。また月刊がもっとも理想的であるけれども、資料の有無・編集に要する時間と印刷費用のことなども考えなければならない。発行度数が多いほどよいと言っても、余りたびたび発行すると刺激が稀薄になるものである。だからと言って三カ月に一回の季刊ということになると、館報は学会の機関誌とはちがうのだから、これまた気の抜けたビールのような感じがするであろう。とくに図書館ニュースの媒体としての館報の役目は、まったく用をなさなくなることは明らかである。

館報の大きさと発行度数と関連して広告の問題がある。館報の発行には相当の費用を要するのであり、図書館の予算は限られている。できるだけ不必要な費用は節約して図書費を充実すべきであるが、もし広告を館報に入れるならば、発行に要する費用を減じ、あるいは全部の費用を広告で賄うことができるかも知れない。読者は出版物に広告があるものと考える習慣があるから、館報に広告が載っているからといって、不思議に思うこともないであろう。また館報の発行は納税者に対して迷惑を及ぼしているという非難――図書費の不足による――にも対抗できるであろう。むろん広告の種目は厳選しなければならない。また相当部数を印刷するのでなければ、広告主を得ることもできない。この問題はこれからの研究課題としてとり上げられることになるであろう。

館報が発行されると、その一半は図書館に留めて館内で読者に配布されるのであるが、関係官公庁・団体および要路の人びとに発送され、さらに人びとの多く集会する場所・クラブ・労働組合の事務所など、配布の労をとってくれる好意が得られれば送り届けるがよい。また図書館を利用していない人びとの注意を促すこともちろんである。館報の発送には図書館名を印刷した封紙をつかって、宛先も明瞭に丁寧に記すべきである。誰でも知っているように、戸毎の郵便函に投げこまれているむき出しの印刷物は、よくよくのことでもないかぎり一顧《いっこ》も与えられず、与えられてもたちまち紙屑かごに投げこまれ勝ちのものである。個人宛の封書はたとえ同じ運命をたどるにしても、少なくとも宛名人が帰宅するまでは保存されること請合《うけあい》である。

D　図書館年報（Annual report）

図書館年報は図書館報の延長とみることもできる。すなわち月刊の図書館報の特別号（extra number）として、一年間の総くくりとして刊行することである。しかし図書館報を発行していない図書館でも、館長の年次報告として図書館の設立者に対して、会計ならびに事業の経過内容を報告する義務があるから、図書館年報は一種の**記録文書**（a document of record）として歴史的価値をもつということができる。年報はその種類と目的とにより、（イ）事務的記録と、（ロ）弘報の媒体とに区別され、したがってその（ハ）大きさにおいても、（ニ）形体においても、また（ホ）表現の方式においてもちがってくるのである。

単なる事務的記録であるならば、監督庁に送付するものを複製して関係局課、ないし図書館協議会の委員に配布する程度でよいのであるから、タイプするにしても謄写版刷にするにしても、せいぜい二十部か三十部ほど用意すれば足りるであろう。このような事務的記録文書は一般に発表する必要のないもの、もしくは発表する価値の少ないものということができるのであって、アメリカでも地方新聞に広告するとか、二年おきに印刷して公表するとか、あるいは市町村の公刊する報告書の一隅に、あるかなきかの存在をかこっているものもあるということとである。クリーヴランド市では毎年二種類の年報をつくり、その一つは会計年度が終わるとすぐに4ページの統計撮要《さつよう》を印刷し、詳細な年報には図書館協議会委員長ならびに図書館長の年次報告、館内部局課長および分館長・閲覧所主任から、館長へ提出した所管事務の報告書抜萃《ばっすい》を収めているといわれている。

弘報活動の媒体としての図書館年報は、単なる統計の集録や予算・決算の数字の羅列では、一般公衆の興味をひく「読みもの」としての価値に乏しく、社会の同情と支持とをうけることは、困難といわなければならない。やはり新聞記者が日曜特集号を編集するような心構えで、あるいは学芸欄に特別の記事を執筆するような態度で、網羅主義よりも重点主義で、ニュース・ヴァリューに重きを置いて、文章も退屈させないような表現の方式を用うべきである。同じ数字をつかうにしても細かく閲覧人員を何万何千とあげるよりも、大まかに十万突破という見出しのほうが、かえって魅力のあるものである。必要だからという気持ちだけが動いて、相手にわからせようとする親切が足りない、ただお義理一片の仕事では、年報に親しみはもたれず、かえって誠実を疑われるようなことにもなり兼ねない。

外観についても、これまでのように白い表紙に固くるしい明朝活字で「××年報」とあったのでは、まず積んどくの部類に片づけられてしまうであろう。専門家でなければわからないようなむつかしい言葉づかいや、蠟《ろう》をかむような面白くない文章では、一瞥《いちべつ》に値するだけのものである。われわれはこれまで生彩の乏しい多くの図書館年報を通読するために、いかに多くの忍耐心を強いられたかわからない。近ごろの企業会社の事業報告を見ると、グラフ・図解・写真などを巧みに配合し、知らず識らずのうちにその会社の事業を呑《の》みこませるコツがあらわれている。図書館年報もまたこれを学ぶべきであって、見て愉しい年報、読んでわかる年報をねらいとすべきである。[1]

E　パンフレット、その他

弘報活動の媒体としてのパンフレットは、読者が限定されているために館報ほどの大衆性は乏しいが、持続性をもつという意味で効果があることが特徴である。前にあげた（イ）図書館の総合的読者案内や（ロ）分類別蔵書目録、（ハ）特殊文庫の目録、（ニ）特殊な主題に関する文献目録などがある。これらは広く読まれるという性質のものではないが、講演会その他の機会にこれらの出版物の内容に触れておいて、あとで希望者に配布することにしたらよい。またこれらの資料にとくに関心をもつであろうと思われる読者には、あらかじめ送付する労をとれば感謝されもし、利用価値を高めることは言うまでもない。ただし「夏も小袖《こそで》」式に何でも貰《もら》いたがる乞食根性のヤジ馬がいるから、配布するときには警戒や注意が必要かも知れない。

リーフレットには大型のものもあるが、目的の次第によっては小型であってよい。学校図書館の館報はガリ版刷のリーフレットということができるであろう。いずれにせよ比較的に単純なインフォメーションを伝え、大衆性をもつ弘報活動の媒体である。これも配布の方法によって内容を吟味しなければならないし、表現の方法も研究して、くふうをこらさなければならない。

壁新聞も弘報活動の手段として用いてさしつかえない。印刷ポスターの手に入りにくいわが国の現状では、町や村の掲示版を利用して、総合的ポスターとも言うべき壁新聞の効果は、大衆性をともなわせることによって、

1　竹林熊彦　図書館年報の研究　図書館論叢　第一集　昭和十七年二月　日本図書館協会

じゅうぶんにそれをあげることができる。ポスターのばあいも同様であるが、壁新聞は人びとに関心をもたせ、読ませ、理解させることがねらいである。そして数日したら必ずとり除くことを忘れてはならない。壁新聞の貼りっぱなしをしないように、古びたものは「新聞」の名に適しないばかりか、かえって反感をそそるものである。

弘報活動の線にはいらないかも知れないが、図書館は独自の**出版**をしたらよいと考える。明治六年（一八七三）創立された金沢市長町《ながまち》の叢書堂という図書館では、「原書翻訳もの及び著述編集の諸稿あらば、集議の上官許を得て直売の方法相立可申事《あいたちもうすべきこと》」と概則のうちに述べている。実際はどうであったかは知る由もないが、異色を示していることは明らかである。高知市立市民図書館では「地方における貴重な研究が、広く学界や一般に紹介される機会に恵まれない実情に鑑《かんが》み」、地方史の研究と地方の問題とを内容とする「市民叢書」「市民新書」を出版している。著者もまたかって京都帝国大学附属図書館にいたとき、同館所蔵の孤本「くるま草」「雁の草紙」を復刻し、別につくった頒布会をとおして会員に実費でわかった経験をもっている。この種の事業も、図書館の勢力を伸展させるための対外活動と呼ぶことができるであろう。

Ⅳ　新聞と図書館弘報

A　図書館と報道価値

近代新聞紙の機能は一般公衆に関するかぎり、最近の出来事と現代の人びとが関心をもつ話題（topics）についての情報を広く伝え、重要な問題について輿論を形成する資料を提供し、また必ずしもニュースでなく時事問題でないにしても、読者の大衆性に訴えると思われる知識および思想をフィーチャー記事として流すものである。これらの機能を果たすために新聞紙ばかりでなく、普く広く読まれる実力を備えた定期刊行物の発達をみたのであるが、ここにはもっとも多くの人びとに親しまれなじまれている点から観て、図書館弘報の媒体としてもっとも有効な新聞紙について考えたい。それと言うのも図書館は、新聞の読者に伝えて、その関心を喚び起こすだけのニュースと思想をもっているからである。

新聞はいつも図書館のために訴求の場を提供してくれるものである。もし図書館が記事資料を選択し、じゅうぶんに整えて提供するならば、他の新聞記事と同じように一般公衆に訴える機会を与えてくれるものである。多くの人びとは新聞を読む「習慣」をもっている。そのことは仮りに彼らが図書館に出入することをせず、移動図書館を利用することをせず、講演会にも出席せず、図書館報を手にする機会もなく、書目をしらべることをしなくとも、図書館のことに関しては読む「習慣」をもっているということなのである。

新聞は図書館の立場から見てありがたいことは、「無料」で記事資料を発表してくれるということである。こう言うと、いかにもギブ・アンド・テイクの原則を無視して、図書館は無をもって有をかちとる貪欲《どんよく》のかたまりのように思われるかも知れないが、図書館が新聞の援助を求めるときには、その与えられる援助に対して、公正な代償を用意するように努めなければならないということである。その意味は、新聞は一般の興味をもつニュースと情報とを伝えるために存在するものである。したがって図書館の提供する記事は、その範囲においてのみ取り上げられることを期待できるのである。新聞は取材のために多くの費用を投じているが、図書館が記事資料を提供することによって、その費用をいくぶんなりとも節約することができ、あるいはまた他の提供する無料の記事資料よりも、より多くの価値をもつものを提供するために、図書館当事者は常に注意を払っていなければならないということである。それでもなお実際には図書館の得るところが、新聞よりも多いことであろう。新聞の主筆も社主もすべて図書の価値を正当に認識し、図書館の仕事を進めるために援助してくれているにちがいないが、それに安住してはならない。新聞の読者は記事を「選択」する権利をもっている。図書館の提供する記事資料は、それらの読者にアピールするに足りるものとして、新聞記事たるの価値をもつものでなければならない。

B　記事資料の提供

以上述べたところを要約すると、図書館の提供する記事資料は（a）一般の関心をもつにじゅうぶんなニュースまたは情報であること、（b）読者の気持ちにピタリと当てはまるような、そして編集者の手数のかからない、もっとも便利な表現方法でなければならないということである。そのほかにもいろいろな要素があるにしても、図書館の提供する記事原稿は原則として、ジャーナリズムの基準から判断して、重要性と適応性とを備えたものであることを要件とする。

ここでジャーナリズムについて語ることは適当でない。また著者のよくなし能わざるところでもある。読者はすでにこのことについてわきまえられていることでもあろうし、また多くのすぐれた参考書も出版されている。ただ図書館の弘報活動と関連して、いくつかの蛇足をそえることを許していただきたい。

1　朝刊新聞・夕刊新聞・週刊新聞（雑誌）の区別をハッキリと記憶しておくこと。これらは読者層がちがうのであって、一概にとは言われないけれども、朝刊紙は中流階級・実業家・プロフェッショナルの人びとが丹念に眼を通すもの、夕刊紙は勤労階級・青年が喜んでみるもの、週刊誌は家庭で多く読まれているものと言われている。むろん都会といなか、全国紙と地方紙とでは多少のちがいがある。

2　原稿はすぐ役に立つように手入れができていなければならない。そうすればデスク（整理担当）の手数も省かれることであり、原稿の取り上げられる見込みも多くなるばかりか、誤謬《ごびゅう》のまぎれこむことを防ぎ、重要な点がけずられて、つまらない不必要な事がらが強調される心配もなくなる。記事原稿に批評や意見は禁物である。それは第三者にまかせたらよい。例えば図書館の講演会に新聞記者の出席がなかったとして、その記事を送るばあいには事実を正確に述べ、講演の梗概ぐらいにとどめて美辞麗句で修飾することはやめるべきである。ばあいによっては資料を豊富に添えて、図書館の希望するところを詳細に伝え、それをもって記事が新聞の求むるままに適当につくられるような心づかいも必要である。

3　原稿は簡潔で要点をつかみ、見やすく短いことが望ましい。編集長は多くのいろいろな種目の記事で紙面を飾り、各欄とも豊かなものにつくりあげたいと希望するものであるから、適当と思う記事があれば、ふつうなら没書とするような短文でも取り上げることがある。新聞には各方面から提供される多くの記事資料が集まるものであることを覚えて、図書館長は送った原稿がいつでも取り上げられ、紙面に載るものと予期してはならない。新聞は図書館の発表する記事を、かならず載せなければならない「義務」をもっているものではない。特別に準備を要する原稿は、執筆する前に、主筆その他と相談することも必要である。

4　原稿は一行おきに明瞭に書き、余白をじゅうぶんに残しておかなければならない。もし地域社会に二つ以上の新聞が発行されているならば、そのいずれにも公平に記事資料を提供しなければならない。ある新聞にスクープを許すことになると、図書館弘報活動の全体に悪い影響を及ぼすことになるからである。同一の事がらを二つ以上の新聞に載せたいと希望するときには、原稿の形式なり用語をそれぞれちがえたらよい。

5　つぎに忘れてはならないものは新聞の投書欄である。ここに社会の「声」が聞かれ、ここで新聞と読者との会話が交わされているのであることは前にも述べておいた。ここに読者の図書館についての意見が公表されることが少なくない。官僚的で独善的な図書館長のうちには、ニガ虫をかみつぶしたような顔をしながら、「さわらぬ神にたたりなし」と言って、これらの投書を黙殺するものがある。これこそ図書館の弘報活動にとっては、またとないよい機会なのである。もし読者の批評が不当なものであるならば、図書館は一般の公衆に実際の事実を伝えて訂正しなければならない。もしまた批評が当たっているならば、その苦情を除き欠点を矯正しなければならない。そしてどのようなことをしたかを答える義務がある。このようにするならば、図書館は読者に満足してもらうために常に何事にも敏感であり、親切であり、活発に動いていることを示すこととなり、一般に正しい印象を与えることに役立つであろう。弘報活動は「真実」の原則にもとづき「まごころ」をもって、これに当たらなければならない。

6　図書館の記事資料を提供するばかりでなく、図書館職員は新聞記者と親しく接触し、友好的でなければならない。これは何もシャチコ張った「記者会見」に限るのではない。機敏なジャーナリストは知性の人であると同時に、都市のどんな人びとよりも一般公衆と接触する機会を多くもつものであって、あらゆる階級あらゆる職業の人びとと親しくしている。彼らは読者の図書館に対する要求を知っているばかりでなく、図書館に対する批評をも耳にしている。こうしてジャーナリストは図書館がよい奉仕をすることを願って助けてくれると同時に、また図書館の見解を代弁してくれるものである。図書館もまた同じように新聞に奉仕するよう努めなければならない。新聞は図書館を必要とするばあいがしばしば生ずるものであって、あらゆる機会に新聞が図書館を利用するように奨励しなければならない。アメリカでは新聞がたえず図書館を電話で呼び出して、その日の新聞編集に必要な資料や写真材料を図書館に求めているということである。このような協力体制は最高にまで押し進めたらよい。ギブそしてテイク。

7　図書館に関する新聞の切り抜きを保存し整理しておいて、つぎに打つ弘報の手に参考とするということなどは、それこそ蛇足中の蛇足というべきであろう。

C　ラジオ放送

どんな山間僻地にでもラジオの普及していないところはないぐらいに、わずかの時間のあいだに聴取者が増加したことは驚異に値するものがある。それだけに図書館がラジオを利用して図書館奉仕することについては、もっと積極的に研究がなされなければならない。もともと図書館は「よい読みもの」を提供して、視覚に訴えることを大宗《たいそう》とするものである。したがって図書館奉仕の特異とする「全体への奉仕」は、ラジオをとおしては「わたくしたちの本棚」の朗読か、もしくは良書の推薦紹介による読書の奨励が主たるものであった。しかし図書館が主催し、あるいは他と共同して行う講演会・討論会・座談会では、図書および読書に関して図書館弘報の資料をそのプログラムに盛りこむことができるし、また盛り込ませる必要がじゅうぶんにある。これらのプログラムを編成するのは、言うまでもなく放送協会であり放送会社である。したがって図書館は放送局と断えず緊密な連絡をとり、変化に富み公衆に喜ばれるような資料を提供して、図書と図書館とに関するプログラムの獲得につとめなければならない。

全国的な規模において放送にのせる題目は、おのずからその範囲が限られているのであって、多くは読書週間の行事にとどまるようである。したがってひとつびとつの図書館が、それを企画し実践することは困難と思われるけれども、ローカルの時間を利用し地方の放送会社とタイアップして、ラジオのもつ威力を最大限に発揮することは、それぞれの図書館でつとめなければならないことである。ことにラジオ・ニュースは新聞と同じように——時間的に制限はあるが——効果をもつものであり、前に述べた新聞へ記事資料を送るばあいと同じように、より多くの人びとに聴かせるために、効果的なくふうを講ずべきである。スポット・アナウンスによる適当なインフォメーションは、短い時間のわりあいに大きな利き目をもつものであって、図書館は喜んでその資料を提供すべきである。

自動車文庫による放送は場所的には局限されているけれども、直接的な意味で効果的であるということができる。著者は街頭放送や放送自動車の放送が、時には騒音にも似たものの少なくないことを感じて、自動車文庫の放送には聴き手の心理を考えて、反感を抱かせることのないように、アナウンスする職員の選択と訓練とに、じゅうぶん意を用いることを望みたいのである。

参考文献

American Library Association: Library Extension; a Study of Public Library Conditions and Needs. by the Committee of Library Extension of the American Library Association. Chicago, A. L. A., 1926.

—— A Survey of Libraries in the United States. vol. 2, 3. Chicago, A. L. A., 1927.

Berelson, Bernard: The Library's Public; a Report of the Public Library Inquiry. N. Y., Columbia Univ. Press, 1949.

Carnovsky, Leon and Martin, Lowell, ed.: The Library in the Community. Papers presented before the Library Institute at the University of Chicago, August 23-28, 1943. Chicago, Univ. of Chic. Press, 1944.

Haygood, William Converse: Who Uses the Public Library; a Survey of the Patrons of the Circulations and Reference Departments of the New York Public Library. Chicago, Univ. of Chic. Press, 1930. (The University of Chicago. Studies in Library Science.)

Janzow, Laura M., ed.: The Library Without the Walls. Reprints of Papers and Addresses. N. Y., H. W. Wilson, 1927. (Classics of American Librarianship.)

Joeckel, C. B., ed.: Library Extension; Problems and Solutions. Chicago, Univ. of Chic. Press, 1946.

McColvin, Lionel R.: Library Extension Work & Publicity. London, Grafton, 1927.

――Public Library Extension. Paris, 1950. (Unesco Public Library Manual 2, Unesco Publication 375.)
斉藤毅訳　現代の図書館　河出書房　昭和二十八年
Ranganathan, S. R.: Preface to Library Science. Dehli, Univ. of Dehli, 1948.
Rose, Ernestine: The Public Library in American Life. N. Y., Columbia Univ. Press, 1954.
寺中作雄　社会教育法解説　社会教育図書ＫＫ　昭和二十四年
西野　恵　図書館法　河出書房　昭和二十五年（新法文庫）
日本図書館協会　図書館ハンドブック　同会　一九五二
――日本の図書館、一九五四　同会　一九五五
樋上亮一　Ｐ・Ｒ・の考え方とあり方（公衆関係業務必携）世界書院　昭和二十七年

索引

かな

あ

い

う

え

お

す

せ

[著者]：竹林 熊彦（たけばやし・くまひこ）

図書館司書、西洋史学者、図書館学者。千葉県に生まれ、私立明治義会中学校、同志社専門学校文学科、京都帝国大学文学部史学科西洋史科最近世史選科で学ぶ。ハワイに渡航し、日系紙『日布時事』記者、『布哇家庭雑誌』編集主幹、『大阪毎日新聞』特設通信員を務める。帰国後、京都帝国大学嘱託となり、内田銀蔵（国史学）や新村出（言語学）に師事した。同志社大学予科教授などをつとめた後、1925年九州帝国大学司書官となり、長年にわたり歴代館長を支えた。また、青年図書館員連盟に参加し、帝国学士院より研究助成を受けて図書館学を研究。図書館関係の論文を多数執筆。1939年京都帝国大学司書官に転じ、1942年関西学院大学図書館司書となる。戦後は日本図書館研究会の創立に関わり、文部省図書館専門職養成講習講師として、天理大学や京都女子大学などで図書館学を講じた。点字図書館運動にも加わり、日本図書館協会顧問も務めた。「読書療法」という訳語を最初に作り、広めたのも彼とされる。主著に『近世日本文庫史』、『図書の選択：理論と実際』など。彼の自筆稿や蔵書など研究資料は現在、同志社大学図書館に竹林文庫として所蔵されている。（1888 ～ 1960）

日本《にほん》近代《きんだい》図書館学《としょかんがく》叢書《そうしょ》　2

図書館《としょかん》の対外活動《たいがいかつどう》

平成29年3月23日初版第一刷発行
著　者：竹林《たけばやし》 熊彦《くまひこ》
発行者：中野 淳
発行所：株式会社 慧文社《けいぶんしゃ》
〒174-0063
東京都板橋区前野町4-49-3
〈TEL〉03-5392-6069
〈FAX〉03-5392-6078
E-mail:info@keibunsha.jp
http://www.keibunsha.jp/
印刷所：慧文社印刷部
製本所：東和製本株式会社
ISBN978-4-86330-175-7